O Poder
Que Seduz

Mônica Veloso

O Poder
Que Seduz

Editora
Novo Conceito

1ª Impressão – Novembro de 2007

EDITORA: Bete Abreu
PESQUISADOR E EDITOR DE TEXTO: Odir Cunha
ASSISTENTES EDITORIAIS: Marília Mendes e Sonnini Ruiz
PRODUTOR GRÁFICO: Samuel Leal
DESIGN DA CAPA: Ana Solt
EDITORAÇÃO E DIAGRAMAÇÃO: Megaart Design
FOTO DA CAPA: Morgade

Dados Internacionais de Catalogação na Publicação (CIP)
(Câmara Brasileira do Livro, SP, Brasil)

Veloso, Mônica
O poder que seduz / Mônica Veloso. -- São Paulo :
Novo Conceito Editora, 2007.

ISBN 978-85-99560-24-2

1. Memórias autobiográficas 2. Veloso, Mônica
I. Título.

07-9571 CDD-920.72

Índices para catálogo sistemático:
1. Mulheres : Autobiografia 920.72

Editora Novo Conceito

Rua Sansão Alves dos Santos, 102 – 2º Andar – Cj. 21 – Brooklin Novo
São Paulo – SP – CEP 04571-090
Telefones: 11 5102-4770 e 5102-4834
www.editoranovoconceito.com.br

Sumário

Prefácio

Luiz Cuschnir*

Não é coincidência que a palavra *Poder* é masculina e a palavra *Sedução* é feminina. "Isso é machismo!", alguns dirão. De quem? Pois é, de quem?

Alguém deve ter inventado essa divisão. Como muitas outras que carregam os preconceitos arraigados nas mentes (e nas bocas) de muita gente: "Isso é certo, isso é errado". Ou: "Onde já se viu uma coisa dessas..." (quando, na verdade, alguém muito próximo ou da família fez a mesma coisa). Ou até "Homem que é homem manda. Mulher tem de obedecer". E por aí vão as associações do que compõe com o gênero masculino e com o gênero feminino.

Da origem dessas palavras, "Poder" e "Sedução", temos até as raízes na gramática, mas seja de qual idioma for, é com um jeito distorcido, antiquado, fora de propósito, de tempo e de época. Também é uma maneira de catalogar as pessoas só pelo que elas fazem e não pelo que elas são. Podemos dizer: "Mas se sabe quem é a pessoa pelo que ela mostra". Nem sempre. Uma pessoa pode mostrar uma parte dela, aspectos dela, mas às vezes nem ela própria sabe quem ela é, quanto mais oferecer para o outro o que realmente vai dentro dela, sua alma de verdade.

---

* Luiz Cuschnir é um dos mais prestigiados psicoterapeutas e psiquiatras do Brasil. Foi o precursor do Masculismo e de abordagens inéditas que visam o fortalecimento das identidades masculina e feminina. É professor e supervisor da Febrap (Federação Brasileira de Psicodrama) desde 1978.

Críticas e fama andam lado a lado. Intimidade e exposição se anulam. Vaidade e narcisismo se completam. Confidências e confiança andam em paralelo. Maledicências e traição também.

Nas relações em geral, encontramos homens que podem ser ardilosos, cheios de estratégias, querendo chegar e conquistar o que querem a qualquer custo. Para isso utilizam uma forma sedutora, buscando o Poder de todas as formas. Mas nem sempre o utilizam autoritariamente, com violência ou humilhando os outros. Exercem-no para organizar, conter e dar suporte para quem dele precisa. Mulheres idem: podem querer dominar, com ou sem crítica do que possam estar provocando à sua volta.

O fascínio pelo Poder provoca estratégias, até inconscientes, desencadeando uma verdadeira luta de poder. Ninguém se salva. Homens fazem isso com mulheres. Homens com outros homens e mulheres entre mulheres. Nas relações amorosas, familiares, profissionais, privadas ou públicas. Aliás, nas relações de trabalho ocorre o tempo todo. Quem está acima nem sempre tem um olhar para o seu subordinado considerando alguém a ser respeitado. Ele, ou ela, é tratado como "coisa" e não como um ser humano. O Poder, às vezes, é perverso, insensível e implacável.

Vamos ter sempre uma balança que se movimentará, fazendo-a pender para um lado ou para o outro, a partir do que tem mais peso, força ou capacidade. Um anula o outro. Um pode ser o equilíbrio e a sustentação do outro. Para alguém estar no Poder, alguém estará do outro lado.

Nas relações entre o homem e a mulher, esse movimento de cabo-de-guerra determina quem ganha – o que puxa mais forte, mais violentamente, o que sustenta e mantém-se firme com força constante. O poder e a sedução mudam de lado o tempo todo. Há um poder até para quem fica parado e não sai do lugar. É o passivo-poderoso.

Amor e Poder se anulam, se somam, se confundem. Amor e sedução se completam, se somam, se confundem. Até tem gente que prefere ficar do lado de quem não quer ter Poder nenhum. Não quer se responsabilizar pelo que está ou estará acontecendo. Seduz sutilmente outra pessoa e ela irá só atrás, sem se responsabilizar pelo que faz. Empurra para o outro lado fazendo-o assumir que o que está ocorrendo é culpa do outro. Ah... como é bom pôr a culpa no outro!

Brincando com as palavras... O Poder desperta a inveja que propicia a sedução que quer conquistar o Poder. O Poder provoca o medo que desperta a raiva que está embutida na sedução. A Sedução provoca o Poder que se acende para a conquista e assim poder superar a sedução. A Sedução é desencadeada pelo Poder que quer equivaler ou suplantá-lo, e assim ter tanto ou mais poder que o próprio Poder.

No jogo da sedução estão as relações sociais, políticas ou institucionais. Nele estão, igualmente, as bases para o amor. Mas também do desamor.

Solidão de vida, de alma, do coração. Assim começa a busca pela companhia, pelo encontro e quem sabe por uma nova relação de amor. Precisa-se acreditar no amor para se conseguir algum tipo de conciliação entre o que se vê e o que se sente.

O amor se recicla ou rompe por si só. Aí, então, o cabo-de-guerra não agüentou.

Quantas vezes acontece que enquanto há amor, o outro vira um deus. Ela é o máximo, ele é perfeito. Os olhos, a boca, o que fala, como pensa... É impossível ver direito quem é o outro, o que incomoda, o inaceitável. "É o que eu mais queria na vida!".

Quando ocorre rompimento, marcas profundas são deixadas, decisivas para esse homem ou essa mulher desenvolverem novos caminhos, por vezes bem desalentadores. Podem se destruir, destruir o outro ou outros, contaminando tudo à sua volta. Várias sensações em uma separação se camuflam, superpondo-se: alívio, fracasso, esperança, vergonha, desvalorização etc.

Um amor desfeito tem o poder de uma bomba de alto potencial bélico. É tão mais intenso quanto o nível de decepção e de medo que se tem do outro. Vão embora os momentos de atenção e de cuidado que um tem pelo outro. O julgamento corresponde à medida do desprezo que sente ou da dissolução do sonho.

Tudo o que ele continha cabe em uma caixinha de fósforos.

É hipócrita quem diz que nunca errou com o amor.

A Profissional

Quanto mais bonita, mais à prova a mulher fica. Tem de ressaltar seu potencial cultural, profissional e ético, para não ser colocada no rol das que se aproveitam da beleza para galgar seu espaço como Ser em sua totalidade, e não só uma imagem bonita.

A luta da mulher, seja bonita ou não, é procurar seu lugar como alguém auto-suficiente, manter-se bem consigo mesma, sua família, sua aparência e suas relações socioprofissionais.

Precisa de artimanhas e peripécias para conseguir chegar e obter o Poder. Conquistar os espaços, suas bases, manter-se presente, visível e, ao mesmo tempo, inacessível e admirada.

É da natureza humana a dependência da aceitação por sua paróquia. Como também é o conflito entre o sucesso profissional e o papel de mãe. A dúvida e a luta interna constante entre viver um ser-família e ser-do-mundo, provar-se em público, a confirmação de sua produtividade e capacidade de trabalho — tudo isso está presente o tempo todo.

Companheiro agüenta? Filho agüenta? Carreira profissional agüenta?

A Mulher

É peculiar do universo feminino o que Mônica diz: "Há fases da vida em que uma mulher precisa desesperadamente se sentir querida, bonita, desejada".

Mulher precisa sentir-se prioridade, atraente, notada.

Quando valorizada por um homem, a mais desavisada passa a ter a sensação de cumplicidade e acredita em tudo que um homem diz (ou quase tudo), independentemente do que a realidade e a racionalidade apontam ao contrário.

O sonho de um relacionamento estável propicia o desejo de ter uma família. Dependendo da idade e de certas condições, terá o assunto filho (a) como projeto. Maternidade e sentir-se capaz de gerar uma vida são dar seqüência a um projeto de se ampliar como essência feminina, como provedora do Universo, como enviada da Natureza. Isso acontece só com a mulher. É da mulher.

E na paixão, o que acontece?

Sonho misturado com a realidade. O respeito e a admiração, aliados à carência e à solidão, viram paixão, depois de vencerem o pré-conceito de que ela vai sofrer mais uma vez e dar uma nova chance para si. Acha que dessa vez vai dar certo. E muitas vezes dá, pelo menos enquanto viveu essa relação. É esse o conceito: o relacionamento deu certo enquanto durou! Não quer dizer que não deu. Aqui neste livro há passagens que mostram como Mônica dá valor ao que viveu de bom com o Renan.

Mas, via de regra, corre o risco de estar sujeita a um cativeiro emocional. É como se tivesse sido seqüestrada por uma imagem de um homem que ela tanto queria para sentir-se feliz. "Esse aí vai me tirar da solidão." Pode se enganar. Pode se ver enredada a uma crença de que vai obter desse relacionamento toda a segurança que precisa para si. As relações de amor e segurança estão muito próximas e são facilmente confundíveis.

Um homem associado à conquista do Poder atrai as mulheres. Aquele homem rodeado de pessoas e que exerce a sedução em seus admiradores e seguidores não será muito diferente quando estiver perante uma mulher. É com esse Poder que a mulher o confunde com a segurança que pode obter no relacionamento com ele. Já o homem espera aspectos menos pró-ativos delas. Em geral, a mulher poderosa não o atrai. Se isso ocorrer, ele desejará dominá-la para sentir-se mais forte e poderoso por sua conquista.

Ter segurança no que é, no Ser que há dentro de si, evita muitos enganos, principalmente para a mulher. Se ela espera que isso venha do seu relacionamento com o homem, está sujeita a se decepcionar com ele e se machucar muito se ele não cumprir suas expectativas.

A mulher que alcança essa posição ideal está pronta para encontrar um mundo livre, independente, e o que viver com o homem estará além da instância do fascínio. Vai admirá-lo como homem e não como um ser mágico e encantador, um príncipe que a libertará de um castelo que a protege do mundo malvado.

Apresentação

Um ensaio sobre Brasília, o trabalho, a política, o amor e a esperança

Logo que cheguei a Brasília para apresentar o telejornal da TV Globo e fui tocada por aquela cidade à primeira vista insensível, porém moderna e organizada como eu nunca tinha visto (além de estranha no seu poder de conter e insinuar o futuro do País), passei a escrever pequenas crônicas, opiniões e observações sobre aquele mundo novo e desafiador que se descortinava à minha frente.

As anotações esparsas no caderninho representavam a fuga da solidão e da pressão dos primeiros dias. Lá estavam impressões sobre a cidade, o trabalho como jornalista e os sobressaltos da vida pessoal. Representavam, provavelmente, uma catarse, uma forma de autoconhecimento, hábito que mantive, irregularmente, ao longo dos anos.

Quando montei a produtora e me enfronhei no mundo do marketing político, percebi que os textos ganharam uma conotação mais didática, com observações sobre a construção da imagem do candidato e os acertos e equívocos de uma campanha eleitoral.

Recentemente, instada por pessoas próximas a escrever minha versão sobre os fatos recentes que todos conhecem, enfrentei corajosamente o teclado e aproveitei para rever e atualizar meus antigos escritos, que assim ganharam uma forma, digamos, mais literária, sendo incorporados aos atuais.

Os textos que você lerá, produzidos em fases distintas de minha vida, são de uma mulher, de uma cidadã brasileira e de uma jornalista, e quase sempre ficará bem claro quem é que está se expressando. Creio que o tom de crônica, quase poesia, permeia os temas íntimos, do coração e da alma, enquanto a prioridade à informação e à crítica fica patente nos assuntos mais polêmicos ou jornalísticos.

Prefiro chamar esse livro de um ensaio porque, a princípio, mistura assuntos, fazendo jus ao gênero consagrado pelo nobre francês Michel de Montaigne, que em 1580 juntou notícias e comentários diversos no seu *Ensaios*.

Meu livro, como qualquer outro ensaio, não pretende esgotar assuntos, mas lançar a possibilidade de discussão sobre vários deles. O controverso *modus operandi* da política brasileira, percebido por uma jornalista na Capital da República, é o fio condutor de *O Poder Que Seduz*.

Sedução que, se nos permitirmos sentir, está à nossa volta, em tudo que a gente faz. Como o fascínio que Brasília exerce sobre o visitante, a inesgotável atração pelo dinheiro, pela fama, pelo poder sobre outras pessoas, sedução, enfim, entre um homem e uma mulher...

Confesso que não foi confortável relembrar alguns eventos de minha vida, não só por mim, mas por envolverem pessoas queridas, inocentes. Porém, em respeito aos leitores, que querem entender melhor não só os fatos, pois estes já foram esmiuçados ferozmente por meus colegas de profissão, mas as indecifráveis razões do coração de uma mulher, volto a falar, definitivamente, sobre os episódios que me levaram a essa exposição indesejada, mas também propícia para que eu pudesse mostrar, por inteiro, quem é Mônica Veloso.

Agradecimentos

A mesma fé que tem me guiado pelas águas turbulentas da vida me levou até a última linha deste livro. Agradeço a Deus por alcançar esse objetivo.

Agradeço a meu pai, Manoel, por me ensinar que um homem não precisa ter vergonha de ser íntegro, sensível e carinhoso.

Agradeço a minha mãe, Maria Amélia, batalhadora e leal que, assim como meu pai, me mostrou o caminho da dedicação e da ética.

Agradeço a minhas amadas irmãs, Laurinda e Márcia, eternas companheiras.

Agradeço a meu querido irmão Marcelo, que tem sido um pai para minhas filhas, e a minha cunhada, Isabela, que se desdobraram para que eu pudesse realizar o sonho de escrever este livro.

Agradeço ao meu querido amigo Pedro, que cuidou de mim quando eu mais precisava.

Agradeço aos meus amigos e parentes que apostaram no meu esforço e acreditaram nos meus sonhos.

Agradeço, finalmente, àquelas que são a luz dos meus olhos e a razão da minha vida: minhas menininhas Luíza e Maria Catharina. Por vocês, tudo vale a pena. Não há no mundo um amor maior do que a mamãe sente por vocês.

Mônica Veloso

Solidão

Até onde a vista alcança, apenas o céu vermelho, os edifícios simétricos, as ruas sem gente e o vento. Não sei quanto tempo fiquei ali, da janela do flat, esperando ver um casal de mãos dadas, uma garota de bicicleta, um bando de meninos de vozes esganiçadas de bonés e skates... Nada. No fim da tarde de domingo, apenas os vultos efêmeros dos carros ousavam interromper a imobilidade de Brasília. Acho que nunca me senti tão só.

E aquele estranho vento, que parecia vir do passado, da minha infância, da Belo Horizonte que me criou, da Cuiabá para onde fui ainda tão jovem depois do casamento... Vento que fazia o passado roçar meu rosto, com as vozes e os cheiros dos lugares e das pessoas que eu amo e que pareciam tão distantes.

Todos os que cantaram Brasília, talvez pela impossibilidade de defini-la, ligaram-na a este sentimento inicial indefinível, tão estranho que, por falta de sinônimo, convencionou-se chamá-lo de solidão. Como na bela crônica *Brasília: 1962*, na qual Clarice Lispector associa a alma da cidade à solitude de seus criadores:

> "Lúcio Costa e Oscar Niemeyer, dois homens solitários... Eu sei o que os dois quiseram: a lentidão e o silêncio, que também é a idéia que faço da eternidade... Há alguma coisa aqui que me dá medo. Quando eu descobrir o que me assusta, saberei também o que amo aqui...".

A mesma descoberta se repete na estrofe inicial de *Sinfonia da Alvorada*, de 1961, que Vinicius de Moraes escreveu para a música de Antonio Carlos Jobim, em uma tocante homenagem à nascente capital do Brasil. Em apenas nove versos, há três referências ao tema recorrente:

> "No princípio era o ermo, eram antigas solidões sem mágoa." "Eram antigas solidões banhadas de mansos rios inocentes." "Não havia ninguém. A solidão mais parecia um povo inexistente dizendo coisas sobre o nada."

Quanto a mim, a amplitude daquela cidade que Lispector também definiu como "uma praia sem mar", aumentava a sensação de desamparo. Estava ali, convidada pelo diretor de jornalismo Alberico Souza Cruz, para um estágio como apresentadora da TV Globo no DF TV, o noticiário de Brasília que antecedia o Jornal Nacional. Viviam-se tempos difíceis, turbulentos, em que o país se unia pedindo o impeachment do presidente Fernando Collor de Mello. A pressão sobre a equipe de jornalistas era enorme. Os fatos se sucediam e nenhum podia ser perdido ou negligenciado.

Talvez a consciência de viver um momento crucial de minha carreira, talvez a angústia de sentir-me obrigada a adaptar-me a um lugar tão estranho e impessoal; ou, mais provavelmente, a conjunção desses fatores, foi demais para mim naquela tarde silenciosa e vermelha de domingo. A fortaleza da mulher criada para enfrentar o mundo dos homens, que aos 13 anos abandonou a rotina de festinhas e namoricos para começar a trabalhar, ruiu por um momento. Voltei a ser apenas uma menina, com o rosto no vento, a cabeça entre o passado e o futuro. E chorei. Em silêncio e só.

Conquista

No começo, engessados pelos estereótipos que aprendemos sobre ela, parece impossível amar Brasília. Como suas ruas não se cruzam, não há esquinas e, por conseguinte, não pode haver os botecos de esquina. Ruas, aliás, que têm siglas e não nomes, o que por um lado é bom. Evitam-se os doutores isso, comendadores aquilo, mas também fica impossível morar em românticos endereços com nomes de pássaros, árvores ou cidades distantes. Sua arquitetura, não confundir com sua alma, é sóbria, retilínea, asséptica, não possui o caos, às vezes aconchegante, da civilização luso-brasileira.

Gente é coisa que às vezes não se vê. Ao menos se locomovendo sobre as pernas. Os Eixos Monumental, Leste e Oeste parecem territórios proibidos a pedestres. As pessoas passam, velozes – atendendo o apelo de liberdade das avenidas amplas –, mas protegidas por suas armaduras de metal, vidro e borracha. Outra coisa estranha é a divisão da cidade: em compartimentos. Há quadras, superquadras e setores de cada tipo de comércio ou serviço: há o de oficinas, hospitais, farmácias, hotéis, setor da indústria e abastecimento, cidade dos automóveis, autarquias...

O clima no verão é úmido e chuvoso, com a temperatura beirando os 30 graus e uma umidade de 70% nos dias mais quentes. No inverno, porém, mais do que noites frias, que em julho têm média de 13 graus, o grande problema é a umidade do ar, que despenca para 20% e nos faz criar o hábito de beber água mesmo sem sentir sede.

Minha impressão inicial foi a mesma do astronauta russo Yuri Gagarin, que depois de viajar pelo espaço visitou Brasília, em 1961, e ao desembarcar se assustou com o planalto infinito salpicado de estruturas futuristas e disse que se sentia pisando em outro planeta.

A completa tradução de Brasília só veio com o tempo. Então, percebi que aquele espaço perdulário, aquelas avenidas enormes, o sol gigantesco que parecia iluminar apenas o Planalto Central traziam consigo a sensação arrebatadora da liberdade. Entendi que justamente aquilo que me assustava e desnorteava, aos poucos se transformava no motivo do meu amor ("Nunca vi nada igual no mundo. Mas reconheço essa cidade no mais fundo do meu sonho". *Clarice Lispector*).

Então, você começa a gostar daquele vento que sopra o tempo inteiro, do intrigante clima de deserto – quente e seco durante o dia, frio à noite –, da claridade faiscante e do céu azul descampado que o habitante da cidade diz que é o mar de Brasília. E aí dá vontade de cantarolar, alegre, os versos de *Linha do Equador*, de Djavan e Caetano Veloso:

"Céu de Brasília/ Traço do arquiteto/ Gosto tanto dela assim..."

Assim, aos poucos, como se o vento se transformasse em ventania e varresse minhas inquietações, fui sendo cativada, seduzida, até que passei a amar e entender Brasília. Descobri a felicidade que só vem com a sensação de liberdade. O sucesso na TV Globo – que fez a imprensa me batizar de "a musa do Planalto" e tornou-me reconhecida nas ruas – trouxe a confortável sensação de ser aceita e querida.

Princípio

"Há tempos tive um sonho. Não me lembro, não me lembro..."

Permiti que Brasília me cativasse. Gostaria de poder transmitir, por palavras, a sensação de se sentir parte das linhas retas, das curvas, dos côncavos e convexos, dos espaços e concretos da cidade. Na impossibilidade de fazê-lo, peço que volte comigo no tempo, nos sonhos daqueles que sonharam a cidade do futuro e já propunham a mudança da capital do império português para o interior do País.

Mais do que um megaprojeto, como definiriam hoje, Brasília começou com uma idéia. Quando foi fundada, em 21 de abril de 1960 – mesmo dia da execução de Joaquim José da Silva Xavier, o Tiradentes, e da fundação de Roma, sua cidade-irmã –, ela já vivia, há tempos, em cabeças e corações visionários.

No longínquo 1761, ainda nos tempos do Brasil Colônia, o Marquês de Pombal propunha a mudança da capital do império português para o interior do País, onde ficaria a salvo do ataque furtivo de navios inimigos, além de promover a integração do vasto continente brasileiro.

Quase 60 anos depois, em 1823, José Bonifácio de Andrada e Silva, o patriarca da Independência, profeticamente se referiu à futura capital como

"Brasília". Outro tanto se passou até que em 1891, na primeira constituição republicana, incluiu-se um dispositivo que previa a mudança da Capital Federal do Rio de Janeiro para 14.400 quilômetros quadrados no Planalto Central – área denominada Quadrilátero Cruls, já que foi explorada por uma comissão liderada pelo astrônomo Luiz Cruls.

Como muitos antes e muitos depois, o projeto mofou nas gavetas por décadas, até que uma tempestade, um eleitor atrevido e um candidato a presidente à procura de um programa de governo transformaram a lenda em realidade. Parece fantasia, mas os historiadores confirmam: em 4 de abril de 1955, quando um toró dispersou as centenas de pessoas que se aglomeravam na praça central de Jataí, Goiás, para ouvir o primeiro discurso da campanha do ex-prefeito de Belo Horizonte, o jeito foi recorrer ao galpão de uma oficina mecânica abandonada e improvisar o palanque na carroceria de um caminhão.

Assim, para poucos ouvintes, falando mais alto para cobrir com suas palavras o barulho da chuva no telhado, Juscelino discorreu sobre seu plano de metas. Ao final, inesperadamente, ouviu do jovem Antônio Soares Neto, o Toniquinho, a pergunta que mudaria a cara do Brasil. Como tinha acabado de estudar a Constituição para um concurso, o rapaz quis saber do candidato se, caso eleito, mudaria a capital do País para o Planalto Central, "como está previsto nas Disposições Transitórias da Constituição de 1891?".

A pergunta pegou Juscelino desprevenido. Ele até já havia sonhado com a nova capital, mas nunca tinha levado o projeto a sério. Chegou a deixar transparecer um certo embaraço, titubeou, mas finalmente respondeu, decidido: "Acabo de prometer que sim. Se for eleito, construirei a nova capital e farei a mudança da sede do governo". A promessa foi cumprida. Cinco anos depois, Toniquinho assistia aos desfiles militares no palanque, ao lado do presidente Juscelino Kubitschek de Oliveira, na festiva inauguração de Brasília.

No momento de dar forma ao sonho, a tarefa caiu nas mãos hábeis de dois artistas inquietos. Juscelino queria entregar o projeto completo a Oscar

Niemeyer, seu amigo, que já havia erguido obras lindíssimas em Belo Horizonte, como a Igreja da Pampulha, mas Niemeyer achou que não seria justo e sugeriu a realização de um concurso público para se escolher o projeto da cidade.

O arquiteto e renomado urbanista Lúcio Marçal Ferreira Ribeiro de Lima e Costa, ou simplesmente Lúcio Costa, nascido em Toulon, França, de pais brasileiros (e falecido no Rio, em 13 de junho de 1998), ganhou o concurso com um projeto feito às pressas, na viagem de navio que o trouxe da França. Apesar do projeto feito de última hora, e isso somente acentuou a marca de seu gênio, a vitória foi incontestável. O Plano Piloto criado por Lúcio Costa era mágico, tinha a forma de uma borboleta, asas abertas para o futuro.

Percebeu que eu escrevi "borboleta", e não avião? Sim, porque essa foi a explicação do próprio Lúcio Costa, que em entrevista ao *Correio Braziliense*, pouco antes de sua morte, desmentiu a versão de que teria se inspirado em um aeroplano para desenhar seu projeto: "Não tem nada de avião!", resmungou ele. "É como se fosse uma borboleta. Jamais foi um avião! Coisa ridícula! Seria inteiramente imbecil fazer uma cidade com forma de avião."

Dizem que o criador nunca é dono da criatura. Ela sempre se rebela. No caso de Lúcio Costa, sua borboleta virou avião pela vontade popular. Desculpe Lúcio, mas ninguém fala em borboleta. As pessoas visitam a cabine, as asas e a cauda do seu avião. Dizem até que a "cabine do piloto" seria a torre de TV... Fazer o quê, Lúcio? Sua borboleta se fez avião. A Oscar Niemeyer restou projetar os principais edifícios da nova cidade, o que continua a fazer até hoje (seu último projeto, o Complexo Cultura da República, foi inaugurado em 2006).

Às 9 horas de 20 de abril de 1960, Juscelino ordenou solenemente o fechamento dos portões do Palácio do Catete, no Rio, transformando-o em Museu da República. O comando do Brasil passava para o Planalto Central.

Brasília foi criada para ser a convergência da política brasileira. Recebeu um extrato de cada estado, inicialmente com os "candangos", os pioneiros, os construtores que acreditaram no sonho de JK e atenderam seu chamado. Depois, foi povoada com os funcionários públicos federais e os próprios políticos.

A mudança gerou polêmicas que perduram até hoje. Muitos cariocas não se conformaram de perder a capital. Os funcionários públicos, então... Que tal deixar de morar no paraíso que é o Rio de Janeiro e se mudar compulsoriamente para o "meio do nada"? A mudança de cada repartição, cada departamento, gerava protestos e toda sorte de empecilhos. Até hoje, passados 47 anos, há repartições federais sediadas no Rio de Janeiro.

Para acalmar os críticos, o "presidente bossa nova" ofereceu aos funcionários públicos e aos políticos que se opunham à mudança da Capital tantas benesses quanto lhe foi possível. Dizem que esse esforço do presidente, de agradar a todos, contribuiu para a formação do "estilo brasileiro de fazer política", que privilegia o clientelismo e a troca de favores e interesses entre regiões, grupos e facções.

Como se tivesse culpa por obrigar os parlamentares a trocar as paradisíacas praias do Rio pela aridez do cerrado, Juscelino lhes proporcionou facilidades que acabaram se eternizando. Como entender que, ainda hoje, quase meio século depois, deputados federais e senadores continuam tendo direito a passagens aéreas para o Rio de Janeiro?

Será tão melhor viver no Rio, em São Paulo, ou qualquer outra grande cidade brasileira, do que em Brasília? Hoje creio que não há sentido em uma pergunta dessas, mas à época muitos acreditavam que sim, tanto que houve um movimento para que a capital voltasse para o Rio, mesmo depois de sua fundação. O Brasil demorou para assumir sua nova cara e me pergunto se realmente o fez. Fica outra questão: por que é tão difícil para os demais brasileiros entenderem que Brasília é o espelho de nossa sociedade, o reflexo do que fomos, do que somos, do que poderíamos ter sido e, certamente, do que seremos?

Espírito

Em Brasília, céticos e crédulos podem se dar as mãos. Emoção e raciocínio assinaram um tratado de simpática tolerância desde a primeira pedra. Erguida para ser um monumento moderno, subordinado aos traços frios e precisos da ciência arquitetônica, a cidade também aprendeu a conviver, desde o início, com a religiosidade e o misticismo. Todo brasiliense se encanta com a história de Dom Bosco, padre italiano fundador da Ordem dos Salesianos, que ainda criança teve uma visão profética da "terra prometida".

Vamos de novo aos livros: aos oito anos, João Bosco, italianinho que nasceu em 1815 em Castelnuovo D'Asti, no Piemonte, pulou da cama maravilhado com o que tinha acabado de ver e ouvir. Ele estava nos paralelos 15 e 20, em uma depressão extensa que partia de um lago, enquanto uma voz celestial repetia: "... Quando vierem escavar as minas ocultas, no meio destas montanhas, surgirá aqui a terra prometida, vertendo leite e mel. Será uma riqueza inconcebível...". Que sonho lindo deve ter sido...

Numa tarde de vento e chuva fina reencontrei essa previsão inscrita em uma ermida que leva o nome de Dom Bosco, ao lado do Lago Paranoá. Fiquei ali, pensativa, imaginando que talvez o imenso lago não tivesse sido projetado artificialmente apenas para amenizar a baixa umidade de Brasília, como dizem as versões oficiais, mas sim para fazer jus à previsão do santo.

Em momentos assim, quando você se deixa levar pela energia da natureza, percebe a religiosidade sussurrante que viaja com o vento de Brasília. Talvez nem seja um sentimento ligado à religião, talvez se trate de ondas siderais que, em múltiplas freqüências, agem sobre nós. Só sei que sinto Brasília como um campo de pouso aberto às influências do cosmo. Provavelmente por isso a cidade congregue de evangélicos a espíritas, de umbandistas a adoradores de óvnis.

Sua maior influência, entretanto, é católica. Como em tantas outras cidades do País, a capital também escolheu Nossa Senhora de Aparecida como sua padroeira, e lhe deu o mais belo altar: a Catedral de Brasília, obra de Oscar Niemeyer, com esculturas de Alfredo Ceschiatti, vitrais de Marianne Peretti, altar-mor doado pelo papa Paulo VI e um acervo que inclui 14 painéis de Di Cavalcanti representando a Via Sacra. Inaugurada em 1967 com pompa e comoção, a moderna Catedral, bastante espaçosa e com 40 metros de altura, transmite aos homens uma luminosa mensagem de fé.

É incrível entrar na Catedral no cair da noite. Não existem paredes. Ela é toda de vidro. Parece uma nave. Os vitrais se confundem com o céu e lá no alto o embasbacado visitante vê três gigantescos anjos voando. Todos sabem que Brasília tem um pôr-do-sol inesquecível. Tente imaginar o que é essa visão, o sol rompendo os vitrais e iluminando os anjos. Muitas pessoas choram diante de tanta beleza. Os sinos da Catedral, doados pelo Vaticano, retirados de alguma igreja de Roma, tocam religiosamente para convocar os fiéis, como em qualquer igrejinha de interior.

Também me sinto reflexiva e em paz sempre que visito o ParlaMundi, ou Parlamento Mundial da Fraternidade Ecumênica, templo inaugurado em 1989 pela Legião da Boa Vontade, entidade que aceita e atrai adeptos de todas as crenças. Os brasilienses gostam de indicar uma visita a esse templo, que parece uma pirâmide e tem no alto um cristal gigantesco que, dizem, é o maior do mundo. Uma das atrações do ParlaMundi é uma trilha, em forma de caracol, que promete reenergizar seus caminhantes e termina exatamente embaixo do grande cristal. Em volta do caminho existem bancos para a meditação. É comum você encontrar pessoas caminhando por lá, ou sentadas, refletindo, mesmo tarde da noite.

Esse caráter ecumênico é uma marca de Brasília e foi decisivo para atrair diversas comunidades de sincretismo religioso, como o Vale do Amanhecer, perto da cidade-satélite de Planaltina, que existe há mais de 30 anos; a Cidade Eclética, em Santo Antônio do Descoberto, onde vivem 1.500 pessoas; e a Cidade da Paz, responsável pela Universidade Holística Internacional. Existe uma lenda que diz que os que vivem em Brasília foram escolhidos, eleitos pelos deuses.

Uma breve remexida no passado e se constata que os traços iniciais que desenharam a cidade já continham a ambigüidade entre a ciência e a religião, o místico e o racional, o concreto e o abstrato. Quando Lúcio Costa fez dois riscos na folha em branco, não só deu início à imagem do corpo e das asas da borboleta (que se transformou em avião) que formaram o Plano Piloto, mas também revelou a cruz, símbolo universal da religiosidade.

Cidade

No início, Brasília era perfeita. A hera ainda não havia crescido, havia um espaço calculado para as nuvens... Mas era perfeita sem pessoas. E o tempo, se cura, também pode abrir todas as feridas.

Agora há vida cultural na noite, há músicos que saem do Planalto para encantar o País, há roqueiros com uma visão ácida da realidade, há um mercado de luxo que já é o terceiro do País, há índices que provam uma pretensa superioridade: maior renda per capita da nação, mais de um celular por habitante, maior índice de carros por pessoa, mais segurança, mais saúde, mais educação, ruas limpas, uma infra-estrutura invejável e, como resultado de tudo isso, um conforto que convence a maioria das pessoas a gostar da cidade. Porém, a perfeição ficou perdida no tempo, presa na prancheta utópica dos arquitetos criadores. Como era inevitável, hoje Brasília também sente as dores de ser uma cidade brasileira.

O Plano Piloto permanece isolado, como se fosse o maior condomínio fechado do País, com seus privilegiados 300 mil habitantes e índices de Primeiro Mundo que justificam a fama de "Ilha da Fantasia", mas a rodeá-lo há quase 30 cidades-satélites, quase todas problemáticas, empobrecidas, que somam mais dois milhões de habitantes (uma exceção, a promissora Taguatinga, com população de 250 mil pessoas, é importante centro comercial e pólo de atração para as cidades vizinhas).

Planejada para ter no máximo 700 mil pessoas, tal qual a *Utopia*, de Thomas Morus, Brasília há muito ultrapassou esse valor. Números? Pesquisa do IBGE de abril de 2007 mostra que a região metropolitana de Brasília já é a quarta do País, com 2.455.903 habitantes, atrás apenas de São Paulo (10.886.518), Rio de Janeiro (6.093.472) e Salvador (2.892.625). A lista das sete cidades mais populosas é completada por Fortaleza, em quinto lugar, com 2.431.415 habitantes, Belo Horizonte (2.412.937) e Curitiba (1.797.408).

Sei que o inchaço de Brasília surpreendeu seu criador, Lúcio Costa, mas, ao menos na entrevista que deu ao *Correio Braziliense*, ele não me pareceu contrariado ao saber que as cidades-satélites Ceilândia e Taguatinga tinham populações superiores à do Plano Piloto. Disse o mestre:

> "É muito bom que essas cidades existam para que o Plano Piloto não seja sobrecarregado. Como capital, Brasília precisa ter personalidade própria, uma certa monumentalidade no sentido bom da palavra. É uma cidade que já nasceu com aquela pinta onde qualquer brasileiro, ao chegar lá, sinta que está na capital do País e não numa cidade de província."

Entendi. Para que a capital mantivesse sua altivez, segundo o arquiteto, as cidades-satélites teriam a propriedade de manter intacto o plano original de Brasília. Assim, eternamente embelezada pelo seu revolucionário projeto urbanístico, a cidade, de ar puro por não ter indústrias, e de edifícios residenciais com no máximo seis andares, continuaria sendo atravessada por automóveis livres de sinais de trânsito e engarrafamentos, que rodariam por ruas arborizadas, de onde sempre se veria a linha do horizonte. Tudo perfeito. Mas acontece que o tempo mudou isso.

Outrora envaidecida por não ter sinais de trânsito, hoje a cidade estaria paralisada sem eles, cada vez mais numerosos. Se no começo era possível ir a qualquer lugar do Plano Piloto em menos de dez minutos, agora congestionamentos surpreendem o motorista. A sensação inabalável de segurança também se foi. Os parques onde crianças brincavam despreocupadamente hoje têm cercas para protegê-las de estranhos.

É impossível estar imerso em um meio sem ser afetado por ele. Brasília parece ter contraído o vírus do caos urbano que grassa pelo País e o transporte coletivo é um sintoma disso. No Plano Piloto há um automóvel para cada duas pessoas, mas os ônibus que circulam pelo Distrito Federal levam pouco mais de um passageiro por quilômetro percorrido, o que, somado à grande distância até as cidades-satélites, torna a tarifa uma das mais caras do País. O metrô, inaugurado em 1991, ainda tem um alcance limitado e gera prejuízos da ordem de R$ 60 milhões por ano.

A felicidade de Brasília está em manter-se exatamente como é. Seria, por essa característica, um libelo esculpido contra a deterioração que chamamos de progresso? Estou propensa a achar que sim. De qualquer forma, enquanto resistir a projetos heréticos – como aquele que queria transformar superquadras em condomínios fechados – a cidade terá conseguido controlar seu crescimento demográfico, mesmo ostentando a mais alta densidade demográfica do Brasil, com 410,9 habitantes por quilômetro quadrado.

Nas cidades-satélites, entretanto, o aumento populacional assusta (e pressiona as fronteiras da Corte). De 1991 a 2006 ele ultrapassou 600% em Riacho Fundo, Recanto das Emas, Santa Maria e São Sebastião. Essa superpopulação das cidades do Distrito Federal soma-se ao chamado "Entorno". São cidades dos estados de Goiás e Minas Gerais que estão tão próximas do Distrito Federal que suas populações aproveitam a infra-estrutura da Capital. Resultado: sistemas de segurança, saúde e serviço social de Brasília sobrecarregados.

Arte

No começo, Brasília não tinha voz, alma ou sentimento, pois vivia em uma arte alienígena, em um olhar estrangeiro sobre o que ela ainda não era, mas deveria ser. Oscar Niemeyer e Lúcio Costa foram os arquitetos-artistas-criadores desse tempo tateante de tentativas e descobertas. Até hoje suas obras são admiradas pelo contingente de um milhão de pessoas que visita a cidade todos os anos. Como esculturas a céu aberto, lá estão o Palácio da Alvorada, o Congresso Nacional, a Catedral de Brasília, o Palácio do Planalto, o Memorial JK, a Praça dos Três Poderes, além de inúmeros prédios residenciais e comerciais assinados por Niemeyer e seus vários pupilos, mestres de formas e espaços. Ali está o esqueleto da cidade. Mas e sua arte?

A arquitetura, principalmente a futurista, que prevê a integração de ambientes a um homem hipotético, é, provavelmente, a mais distante das artes. Por ausência da emoção, encanta pelo belo, pelo inusitado, mas mesmo esse encantamento é apenas uma forma, genial, mas ainda apenas uma forma de evitar o contato com o ser humano. Se a arte é a expressão de um povo, a de Brasília só nasceu do caráter diverso da cultura fragmentada trazida dos muitos cantos do Brasil.

As estrofes simples e saudosas de forrós e canções sertanejas foram a primeira manifestação artística autêntica que se ouviu à sombra dos edifícios de Niemeyer. No chorar da viola, o candango aventureiro buscou sua identidade com a nova terra. Mas ainda era uma arte vinda de fora.

Só no final dos anos de 1970 surgiram os primeiros intérpretes daquele novo e estranho povo brasileiro nascido no Planalto. Então, despontou o impactante androginismo de Ney Matogrosso e os Secos e Molhados, e em seguida, no começo dos anos de 1980, a criatividade e a rebeldia dos filhos da geração Coca-Cola se materializaram em bandas de rock que refletiam a ala rebelde da juventude do País, casos de Legião Urbana, Capital Inicial e Plebe Rude.

Não é exagero afirmar que a voz grave e rouca de Renato Russo cantou os dramas e dilemas de uma geração que em Brasília descobria, primeiro, as angústias reservadas ao futuro do País. A profundidade de suas letras destoava das preocupações pueris dos jovens das grandes metrópoles brasileiras. A Legião Urbana foi, e talvez ainda seja, a síntese daquela perplexidade, daquela dolorosa descrença nos nobres destinos da nação.

Para ser didática, mesmo sem ser poética, obrigo-me a citar também o mineiro Oswaldo Montenegro, reconhecido por montar espetáculos que revelavam intérpretes de destaque, como Cássia Eller. Destaco as bandas Os

Paralamas do Sucesso e Capital Inicial; o reggae de Renato Matos; a cantora Zélia Duncan e o hardcore dos Raimundos. Hoje a cidade é um dos mais pródigos celeiros de bandas de rock, uma referência em clubes de chorinho e um dos maiores cenários do hip hop brasileiro (os rappers Gog, Celsão e DJ Jamaica são contratados por gravadoras internacionais). Já dá para dizer que Brasília tem uma acentuada vocação musical.

Porém, para corresponder à sua modernidade, a cidade não poderia deixar de se destacar também em uma arte que prima pelo uso de luzes e imagens, dinâmica e surpreendente como a capital do País. Assim, como se nunca tivesse deixado de existir, nasceu e cresceu o cinema do cerrado. Uma data inicial? Provavelmente 1965, com a criação da Semana do Cinema Brasileiro, hoje Festival de Brasília, que se mantém firme na tradição de só aceitar inscrições de filmes brasileiros – critério não respeitado pelo Festival de Gramado, por exemplo.

Como lembrei nomes de músicos, faço o mesmo com o pessoal do cinema: na produção local destacam-se os diretores José Eduardo Belmonte, Renê Sampaio, a diretora Betsy de Paula, o documentarista Vladimir Carvalho e o diretor de filmes trash Afonso Brazza, responsável pelo policial *Inferno do Gama*. A lista de atores e atrizes famosos nascidos na cidade é vasta e inclui Françoise Forton, Maria Paula, Patrícia Pillar, Murilo Rosa, entre outros.

Terceira em produção cinematográfica no País, Brasília já ambientou vários filmes, tais como: *Doces Poderes*, O Sonho Não Acabou, *Momento Trágico, Palco dos Sonhos, As Vidas de Maria, Redentor, Celeste e Estrela, O Casamento de Louise* e *A Concepção*. Como a música, o cinema é uma semente tenra e resistente, que tem tudo para germinar no cerrado.

Ter

Como se o gosto pelo belo e pelo raro estivesse impregnado em seus habitantes, Brasília já nasceu sofisticada. Até o momento em que escrevia este livro, era a cidade que em 2007 mais tinha crescido no mercado nacional do luxo. Enquanto homens poderosos sonham agilizar seus negócios a bordo de ágeis Learjets e gozar radiantes fins de semana em vistosos iates nas águas plácidas do lago Paranoá, suas esposas contratam chefes de cozinha de São Paulo para festas monumentais e se esmeram tanto no trato pessoal que transformam a moda de Brasília em uma das mais efervescentes do País.

Assim como as paulistanas têm a Daslu, as brasilienses contam com a "Casa Magrella", batizada assim porque sua proprietária, Cleuza Ferreira, era então uma garota franzina de 1,60 m e 47 quilos. Mineira de Campo Florido, Cleuza veio da baixa classe média para se tornar a maior arrecadadora de impostos e uma das mulheres mais chiques de Brasília. Seu tino para a moda a fez descobrir talentos como Renato Kherlakian, dono da Zoomp, e o badalado estilista Fause Haten, filho de um mascate libanês da Rua 25 de Março, em São Paulo.

O desfile da Magrella é um evento que desperta o interesse da mídia e a presença das poderosas da cidade. Empresárias, profissionais liberais, funcionárias públicas, esposas de parlamentares, todas as antenadas e colunáveis da cidade se encontram nos eventos da "Dona Cleuza", onde podem ver e serem vistas.

Como um centro de moda que se preze precisa de um grande evento, Brasília tem a Capital Fashion Week, no moderno centro de convenções Ulysses Guimarães, que revela grifes e manequins da região. Por suas passarelas já desfilaram modelos consagrados, como Ellen Jabour, Carolina Magalhães, Luli Miller e Paulo Zulu. As atrizes Maria Fernanda Cândido e Flávia Alessandra também já prestigiaram o evento, que é sempre uma delícia para os olhos.

Vejo a roupa como uma espécie de poesia por meio da qual a mulher expressa não apenas sua beleza física, mas também seu interior. A moda vai além do vestir, cobrir o corpo. É um conceito, define a personalidade e o estado de espírito da pessoa. Reservo a mesma definição para as jóias, com a diferença de que estas conservam um estigma de eternidade que abençoa as relações.

Para quem as aprecia, Brasília é um paraíso, pois a cidade se destaca pela produção de jóias a partir de pedras preciosas (diamantes e esmeraldas) e semipreciosas (ametistas e quartzo), trabalhadas com extremo requinte por designers consagrados, como a criativa Carla Amorim, que se inspira nos traços arquitetônicos da cidade para criar suas coleções.

Mas os homens, obviamente, também merecem seus brinquedinhos. Além dos óbvios carros de luxo, das lanchas e das mansões com piscina, o jatinho é o maior objeto de desejo na cidade, pois agiliza os negócios nesse mundo globalizado, não só pela rapidez, mas por possibilitar uma conversa totalmente reservada entre dois poderosos que não querem ser vistos juntos em terra firme. Tem também a facilidade de poder ir e vir sem enfrentar filas ou ficar horas nos aeroportos. É um luxo para poucos escolhidos.

Entre novos e usados, há aviõezinhos que custam de 500 mil a seis milhões de dólares. O mais cobiçado é o Learjet, de oito lugares, o de melhor relação custo x benefício. Ao pesquisar sobre o assunto, fiquei sabendo que o mercado norte-americano prepara o lançamento de um modelo de grande autonomia a ser vendido pela bagatela de um milhão de dólares. Ansiosa, Brasília espera a novidade.

Finalmente, aos sábados e domingos o sonho de consumo desce do céu para as águas do Paranoá, onde navega a terceira frota de água doce do Brasil. Entre lanchas, barcos à vela e jet skis, Brasília tem 13 mil registros na Polícia Federal. Mais um recorde divulgado com orgulho pelos colunistas sociais. O problema é que se todo mundo resolver ir para a água ao mesmo tempo, a superfície do lago ficará totalmente coberta pelas embarcações.

Como não tem mar, Brasília construiu uma praia no Lago Paranoá que faz inveja a muito balneário famoso do País. O Pontão do Lago Sul é o projeto piloto da orla, espaço planejado de lazer às margens do Paranoá que reúne restaurantes da melhor cozinha brasileira e internacional, da baiana à japonesa. Totalmente cercado, com paisagismo que lembra os condomínios da Flórida, ostenta um imponente pórtico neoclássico na entrada. Esse oásis, repleto de piers, recebe afortunados brasilienses e suas poderosas lanchas.

Caráter

Boa parte do Brasil se refere a Brasília como uma estranha, que merece desprezo, como se fosse habitada pelo povo de um reino distante e corrupto que não tem nada a ver com o nosso. Como se a cidade e os políticos brasileiros que lá exercem seus mandatos fossem uma coisa só. E quando fala dos escândalos, das mazelas, dos desvios de dinheiro, é como se esses crimes deixassem de ser praticados por políticos e administradores públicos desonestos, para se tornarem pecados inerentes à Capital do País. O brasiliense se exaspera com esse tipo de comparação.

É inegável que a cidade padece, mais do que qualquer outra, dos males crônicos do funcionalismo público, que emprega um terço de seus habitantes. É só lembrar os problemas dessa categoria em qualquer cidade brasileira para imaginar o que Brasília padece com eles: ineficiência e irresponsabilidade geradas pela ausência de compromisso com o lucro; acomodação e falta de iniciativa devidas à segurança do emprego perpétuo; morosidade que vem da burocracia; carga horária de trabalho menor; maior número de dias não trabalhados devido a feriados e dispensas; funcionários fantasmas e, por fim, os apadrinhados, que congestionam os estacionamentos dos prédios públicos no final da tarde apenas para assinar o ponto.

Essa é a imagem típica que os demais brasileiros têm dos cidadãos de Brasília. Em parte isso é verdade, principalmente quando observamos os famosos "cargos de confiança", muitas vezes ocupados por pessoas que não têm qualquer compromisso com o serviço público, cidadãos temporários da cidade, forasteiros que a ela acorrem de todos os cantos do País, obedecendo ao fluxo e refluxo das mudanças políticas, trazidos por parlamentares ou amigos destes. O brasiliense odeia ser comparado a eles.

O verdadeiro brasiliense, além dos pioneiros, que vieram com JK, é aquele que adotou a cidade, que se transferiu para Brasília após passar por concorridos concursos públicos, aquele, enfim, que carrega o piano, enquanto os funcionários "de confiança" abusam de seus privilégios, já que não têm raízes, não têm nenhum compromisso, a não ser com quem os indicou.

Porém, se há uma cidade brasileira em que o termo "funcionário público" também pode ser sinônimo de competência e atualização permanente, esta é a paradoxal Brasília. Nos últimos anos, estimulados pela equiparação de seus salários aos da iniciativa privada e pela possibilidade de ganhar bolsas para cursos de especialização, um time seleto de funcionários públicos da cidade corre atrás de metas, algo antes impensável no inerte serviço público brasileiro.

Vencedores de processos de seleção que chegam a contar com milhares de candidatos para uma vaga, esses felizardos podem ser premiados com cursos de pós-graduação, mestrado ou doutorado, desde que atinjam objetivos predeterminados. Com nível cultural acima da média, estão mudando a cara da cidade. São advogados da União, promotores, procuradores, juízes de direito, fiscais de tributos, delegados de polícia, consultores legislativos e assessores judiciários, executivos e legislativos (os atrativos desses cargos criaram na cidade uma classe à parte, denominada "concurseiros", filhos de classe média, que na maioria das vezes abandonam suas ocupações para tentar uma vaga no sonhado emprego público).

Além dos funcionários públicos, o brasiliense típico busca o seu ganha-pão como profissional liberal, pequeno e médio empresário, funcionário de empresas privadas... Trabalha tanto ou mais do que seus compatriotas. Está sujeito aos mesmos impostos e às mesmas mazelas, e por isso detesta quando é lembrado como sinônimo de comportamento desonesto.

Em primeiro lugar, porque a maioria dos habitantes da cidade não tem relação direta com o poder político, restrita a 5% da população, se tanto. Depois, porque esses deputados federais e senadores foram escolhidos por um colégio eleitoral no qual Brasília significa apenas 1,3% (pesquisa do Tribunal Superior Eleitoral de 9 de setembro de 2007 revelou que dos 126.498.921 eleitores brasileiros, há 1.654.647 brasilienses). Portanto, esses distintos homens públicos representam o caráter nacional. Seja ele qual for.

Se podem ser detectados sérios problemas na conduta ética e moral desses legítimos representantes do povo, talvez seja o caso de se analisar os conceitos éticos e morais desse povo. Brasília é apenas uma cidade aberta aos sotaques, às influências, às mentalidades do País – enfim, é a síntese do todo, não uma parte que se pode excluir, como um câncer.

Ao aprender a amar Brasília, aprendi também a indignar-me contra os que a apedrejam. É cômodo para o resto do País lavar as mãos e imputar ao Distrito Federal a responsabilidade pelo exemplo de moralidade pública, pelo passo eternamente esperado em busca do Primeiro Mundo.

Poucos se dão conta de que o próprio habitante do Plano Piloto não é senhor do seu destino, pois as maiores populações da Capital estão nas chamadas cidades-satélites. São elas, por terem o maior colégio eleitoral, que decidem as eleições e, conseqüentemente, o destino do Distrito Federal.

Como parece confuso falar em Brasília, Distrito Federal e cidades-satélites, peço um tempo para explicar que: 1– Ainda não há um consenso sobre o que compreende Brasília. Há quem a considere apenas delimitada pela região do Plano Piloto e do Parque Nacional. 2– Outros especialistas acreditam que a essa área inicial devam ser incorporadas as regiões administrativas mais próximas, como Lago Sul, Lago Norte, Sudoeste, Octogonal e Cruzeiro. 3 – Há ainda os que preferem englobar toda a área urbana do Distrito Federal, o que faria perder sentido a expressão cidades-satélites, já que toda a região comporia apenas uma cidade. O ex-governador Cristovam Buarque é adepto dessa última teoria, a ponto de abolir o termo "cidade-satélite" nos documentos oficiais.

De qualquer forma, a imagem que o brasileiro tem do brasiliense é de que ele mora no Plano Piloto, ou nos residenciais elegantes ao seu redor e que convive intimamente com os líderes que determinam os caminhos da nação. Por ser tão próximo do poder, na visão do restante do País, o morador de Brasília é cobrado pelas atitudes dos parlamentares, ou, no mínimo, é exortado a ir às ruas, a protestar contra eles, em nome de todo o povo distante e calado que vê o mundo pela tevê.

Trata-se, para mim, de um caso claro de inversão de responsabilidades. O restante do Brasil é que escolhe quem o representará no Distrito Federal. Se esses ambiciosos homens públicos selecionados pelas urnas não têm a competência, a austeridade e o rigoroso senso ético que se espera deles, seria o caso de Brasília chatear-se com o Brasil, e não o contrário.

Sou apenas uma jornalista curiosa para descobrir respostas que me afligem e que, provavelmente, também interessam aos leitores deste livro. Assim, fiz uma pequena pesquisa sobre fatos que desnudassem nosso caráter, o caráter de nosso povo, e cheguei a um programa interativo exibido na Rede Globo de 1992 a 2000.

Sucesso em muitos países, *Você Decide* trazia histórias cujos finais eram escolhidos pelos telespectadores. A Globo caprichou na produção e destacou notáveis atores, atrizes e apresentadores para atuar nela, como: Raul Cortez, Walmor Chagas, Antônio Fagundes, entre outros.

Pois bem, o que esse programa mostrou? Que o brasileiro tem um senso ético no mínimo preocupante. Diante de situações em que a personagem principal, em dificuldades financeiras, podia locupletar-se sem ser descoberta, o público escolhia o final em que ela podia locupletar-se, mesmo que de forma desonesta. Um caso me chamou a atenção e faço questão de recordá-lo:

No primeiro, um ajudante de escritório de advocacia, diante da impossibilidade da presença do advogado, vai atender a um cliente rico que está à beira da morte e precisa fazer o testamento. O ajudante bate o texto ditado pelo pobre homem em um papel já assinado por duas enfermeiras como testemunhas. No momento de ditar o nome do beneficiário, o pobre ancião tem uma síncope, pede o papel para assinar e em seguida morre. O ajudante sabia que o falecido queria doar seu dinheiro e bens a um instituto de pesquisas tropicais, mas sabia também que se colocasse seu próprio nome no documento, ele é quem herdaria toda a fortuna. O que deveria fazer? Essa foi a pergunta feita aos telespectadores.

Em outro caso, uma pessoa que passava por sérios problemas financeiros achou uma mala com cem mil dólares, mas descobriu que esta foi perdida quando estava sendo enviada a um orfanato. Como essa pessoa deveria agir? Usar o dinheiro para sair do aperto e ajudar sua família, ou entregá-lo à instituição e assim melhorar a vida de crianças que ela nem conhece?

Pois a vontade popular decidiu que o ajudante do escritório de advocacia deveria "aproveitar a oportunidade" porque "não se pode perder uma chance dessas", pois "a felicidade só passa uma vez" e outras opiniões similares. O que isso nos faz pensar?

Isso nos dá a sensação de que, havendo a oportunidade de ficar rico do dia para a noite, com um risco mínimo de ser punido – como, infelizmente, acontece em nosso País –, a maioria das pessoas que acusam os políticos envolvidos em corrupção faria o mesmo.

Fica evidente que há uma dicotomia entre o que o brasileiro quer para si e o que idealiza para os outros. Ele espera que seus representantes ajam com extrema correção, mas ele próprio não segue essa regra. Ele quer dinheiro, prestígio, poder, sucesso e perdoa a si próprio caso tenha de burlar a ética para atingir esses objetivos. Porém, do próximo ele espera que se contente com sacrifícios, disciplina, moralidade, verdade, altruísmo, enfim, que tenha um comportamento irretocável.

A conclusão que se pode tirar disso tudo é que antes de se procurar em Brasília a jaça no caráter do povo brasileiro, cada eleitor deveria revisar seus conceitos e levar mais a sério a escolha de seus representantes. Só ele tem o poder de escolher as pessoas que, por sua vez, terão o privilégio de serem aceitas na Corte, de viverem além dos muros da Capital do Brasil. O brasileiro, que luta arduamente pelo direito individual, talvez devesse batalhar também pelo direito coletivo.

Paraíso

Ela já estava sorrindo para mim há alguns minutos. Então puxou conversa e pegou, delicadamente, a minha mão, que manteve entre as suas. Continuou falando, e seus olhos, fixos nos meus, brilhavam de alegria. Respondi alguma coisa, enquanto imaginava de onde conhecia aquela simpática senhorinha de cabelos brancos. Ficamos algum tempo assim, na fila do supermercado, conversando como velhas amigas. De repente, ela deslizou os dedos pelos meus cabelos, como uma avó faria com sua neta, e comentou algo sobre como eu era fotogênica na tevê. Só então percebi que ela já me conhecia, em parte, mas eu nunca a tinha visto. Estávamos ali ligadas pelo encantamento da tevê.

A tevê cria regras estranhas de relacionamento entre quem está atrás e à frente da telinha. As pessoas se acostumam a nos ver solícitas, sorridentes, atentas. Provavelmente até o fato de ficarmos o tempo todo voltadas diretamente para a câmera dê a impressão de estarmos eternamente prontas para uma conversa olho no olho, sempre dispostas a ouvir, sorrir, falar. A câmera capta nossas emoções, nosso ar de indignação diante de uma injustiça e a felicidade por boas e esperadas notícias. E quantos podem conversar, ou conversam, olhando nos olhos das pessoas?

A popularidade que ganhei apresentando a segunda edição do telejornal DF TV, na Globo de Brasília, acelerou em mim o processo de aceitar e amar a cidade. Dizem que tudo que fazemos na vida é com a intenção de sermos amados. Pois se os brasilienses gostavam de mim, me recebiam com admiração e carinho, naturalmente passei também a gostar deles. Aquela sensação de, em tão pouco tempo, sentir-se integrada e querida numa cidade que há pouco me parecia tão distante foi uma das melhores que já vivi.

Em apenas duas semanas de vídeo, já pude sentir o doce sabor da fama e do sucesso. O DF TV era o programa de maior audiência da Globo Brasília. Em uma época em que não havia a Internet e os blogs de notícias, a batalha pela audiência era travada entre a Globo e o SBT. A nação vivia dias turbulentos com a movimentação popular pelo impeachment do presidente Fernando Collor de Mello. O noticiário político chegava a ocupar 70% do Jornal Nacional. Os melhores jornalistas da emissora eram deslocados para a Capital a fim de cobrir a crise.

Em meio a esse pandemônio, os jornais locais me descobriram. Lembro que primeiro se referiam a mim como "um rosto novo na tevê". Depois, a revista *Isto É*, o *Jornal do Brasil* e o *Globo* fizeram matérias mais extensas e daí veio o título de "a musa do planalto" que me acompanhou enquanto trabalhei na Globo. A grande audiência do telejornal e as matérias na imprensa se somaram para que, mais do que apenas a profissional da comunicação que eu era, muitos me vissem como uma artista, numa confusão muito comum que se faz no Brasil.

O interessante é que eu tinha virado apresentadora de tevê quase por acaso. Quando fui descoberta pela TV Globo de Cuiabá, eu trabalhava com moda. Cheguei à cidade apenas com a intenção de prosseguir os estudos, mas vi no jornal o anúncio de uma escola de modelo e manequim e acabei dando aulas lá. Fui escolhida para fazer comerciais, locução, e nisso um diretor da Globo de Cuiabá me convidou. Posso dizer que foi o jornalismo que me escolheu, e não o contrário.

A essa altura, a pedido do Alexandre Garcia, meu editor-chefe, eu já tinha mudado o nome que usava em Cuiabá. "Mônica Canto é uma cacofonia", disse ele, e me convenceu a adotar Veloso, sobrenome do primeiro casamento. Hoje não sei como não percebi essa cacofonia antes. Veloso realmente combina mais.

Eu tinha um fã-clube de adolescentes. Umas garotas muito gracinhas me levavam cartas com coraçõezinhos, toalhinhas bordadas com meu nome, ursinhos de pelúcia. Recebia muitas cartas, algumas bem curiosas. Lembro-me de duas de presidiários. Um se dizia meu fã, outro queria vender um rim para pagar um advogado.

As pessoas passam a cultivar uma intimidade engraçada com você e você percebe que não é mais a dona de sua imagem. Isso ficou evidente, para mim, no dia em que cometi o absurdo de fazer uma franja no cabelo. Numa manhã de sábado, após uma noite maldormida e incentivada pelo meu cabeleireiro de confiança, cometi essa loucura.

Se o seu rosto passa a ser conhecido, se o público se acostuma a vê-lo sempre do mesmo jeito e se identifica com ele, então você não pode mais mexer nele, ou no mínimo tem de tomar muitas precauções antes de fazê-lo. Essa é uma regra básica da televisão. Mas eu a ignorei quando resolvi cortar meu cabelo e fazer uma abençoada franja.

Meu cabelo era fio reto, comprido, preto, que ia até a cintura. Um belo dia decidi que não ficava bem. Fui ao cabeleireiro, mandei cortar e, como tinha muita vontade de ter uma franjinha, mandei fazer uma. À noite os colegas podem ter estranhado, mas ninguém disse nada. Quem me repreendeu por ter mudado o visual foi o telespectador. Eles ligaram, cobraram, reclamaram.

A história se repetiu na manhã seguinte. Nas ruas, na academia de ginástica, aonde eu ia alguém vinha me falar do cabelo. O fato gerou até matérias no *Correio Braziliense* e no *Jornal de Brasília*. Tive de admitir que, realmente, no vídeo, não ficou bom, e aprendi que na televisão você não pode fazer o que quiser com a sua imagem. É o seu corpo, sim, mas a imagem não lhe pertence.

A franja evoluiu para um topete modelo Itamar Franco, até ficar bonitinha novamente.

Anos mais tarde, a jornalista Fátima Bernardes, âncora do Jornal Nacional, passou por um drama parecido. Após fazer uma escova progressiva que deixou os fios de seu cabelo extremamente lisos, ela passou a chamar mais atenção do que as notícias que anunciava. Os telespectadores e a mídia não falavam de outra coisa, nem a Guerra do Iraque tinha mais importância do que o cabelo da Fátima.

Obviamente essa participação pública em sua vida cresce à medida que as pessoas se sentem mais familiarizadas com você. Diariamente passei a ouvir comentários de que estava gorda (o mais comum, já que o vídeo engorda), magra, que o cabelo não estava bom, que estava ótimo...

Até pelo teor das notícias do jornal eu recebia elogios ou reclamações. Aos sábados, fazíamos o DF TV ao meio-dia e, por ser no fim de semana, mais leve e variado, sempre ensinávamos uma receita. Boa idéia, não? Sim, mas se a receita não desse certo, certamente ligariam para reclamar comigo. Em um final de ano, ensinamos como se fazer panetone. Só que a medida de farinha de trigo estava errada e uma dona de casa ligou para me dizer desaforos impublicáveis.

Mas essa ingerência não me incomodava. Estava preparada para aceitá-la como uma conseqüência natural da popularidade a que nós, jornalistas da poderosa Rede Globo, estávamos expostos. Era o preço a ser pago. Aprendi a tirar proveito da reação do público, que me servia como termômetro. Era uma pesquisa qualitativa espontânea e gratuita. Por meio desse retorno era possível perceber – principalmente em um jornal local, com feedback instantâneo – os assuntos que teriam maior audiência.

Em Brasília senti o real significado de se trabalhar na televisão, percebi a incomensurável influência que esse veículo exerce sobre o brasileiro. Não havia notado isso na filial da Globo em Cuiabá, onde apresentava o MT TV antes de ser convidada por Alberico Souza Cruz para Brasília. Em Cuiabá a audiência era menor, as condições da emissora mais modestas, e não senti uma mudança significativa por trabalhar na televisão.

Na Capital da República, mais do que jornalista, eu era uma global em uma época em que a Rede Globo exercia todo o seu poder – a ponto de ser apontada como a responsável pela eleição do presidente Fernando Collor. Sabia que aquela experiência transformaria minha vida.

Não é à toa que milhares de profissionais lutavam e lutam para entrar na Globo. Lá você se sente parte de um time de escolhidos, que sabe de seus privilégios, mas também tem plena consciência de suas obrigações. Era preciso ser competente, bem informada. Como dizíamos internamente, era preciso matar um leão por dia; se fosse só um gatinho, não servia.

Também precisávamos seguir um rigoroso código de ética para fazer parte daquele time, e ao seguir esses princípios, eu me sentia mais madura e mais confiante como profissional. Como profissional e ser humano, na verdade, porque não há como desligar uma coisa da outra, principalmente se você aparece no vídeo.

Não dá para ser global apenas da porta para dentro, pois lá fora também esperam que você tenha um tipo de comportamento que corresponda à sua imagem. Se pisar na bola, se envolver em escândalos ou episódios constrangedores, com certeza será obrigada a mudar de time, pois sua vida pessoal passou a ser de interesse público.

Por outro lado, se você é jovem, bonita, famosa e admirada pelo seu trabalho, pode ficar vulnerável à tentação do pecado da vaidade que nos seduz todos os dias. Mesmo que não queira, os próprios amigos acabam contribuindo para alimentar essa falsa sensação de que você é "celebridade" e não apenas uma jornalista.

Felizmente, a educação que meus pais me deram, o fato de ter começado a batalhar pelo meu espaço profissional muito cedo, as aulas de ética que tinha no curso de jornalismo do Ceub (Centro de Ensino Unificado de Brasília) e, principalmente, o que aprendia observando meus colegas e a minha chefia na TV Globo, me faziam ter os pés no chão e encarar tudo como uma nova e única oportunidade de aprendizado.

O período inicial de incerteza em Brasília e na Globo tinha passado mais rápido do que eu poderia prever. Eu me sentia segura, querida, respeitada e diante de amplas e variadas perspectivas profissionais. Vivia um momento repleto de crescimento e descobertas, um momento perfeito.

Tempestade

O entusiasmo de começar tão bem na Globo de Brasília não me impedia de perceber e viver a turbulência à minha volta. O primeiro presidente eleito por voto popular após a ditadura estava prestes a ser derrubado pelo impeachment. Após 29 anos sem eleições para presidente, o povo brasileiro havia preferido Fernando Collor de Mello, "o caçador de marajás", ao ex-metalúrgico Luiz Inácio Lula da Silva.

Collor sensibilizou as massas com a promessa de modernizar o País e acabar com a corrupção. Um candidato que transmitia energia, empreendedorismo, honestidade. Uma criação do marketing político que iria ditar as regras das campanhas a partir daquele ano. Dois anos depois, porém, sua posição já era insustentável. As denúncias contra ele jorravam impiedosamente. A tempestade ameaçava romper todas as estruturas. E Brasília estava bem no olho do furacão.

O caso Collor teve aspectos inacreditáveis e deixou claro que o Brasil, que há muito não sentia o gosto, estava se lambuzando com aquela coisa doce e pegajosa chamada democracia. Tudo começou bem para o rapaz, que em 15 de março de 1990, aos 40 anos, assumiu o governo com medidas drásticas, lançando um plano econômico revolucionário, confiscando investimentos, deixando muita gente sem um tostão (a economia de uma vida presa por uma medida do governo), e mesmo assim sendo aprovado pela maioria.

Era como se as pessoas estivessem dispostas a qualquer sofrimento para ajudar o País a entrar nos eixos. Não sei se Collor e sua equipe perceberam isso, mas a verdade é que tomaram medidas que em outra fase da vida brasileira não sairiam nem do papel.

Em 1991 veio o plano de privatização das estatais e a inflação, urso feroz daqueles tempos, voltou a rugir ameaçadoramente. Justamente quando o governo queria o apoio do congresso e a crise econômica obrigava o lançamento do Plano Collor II, veio à tona o escândalo da Legião Brasileira de Assistência, a LBA, presidida por Rosane Collor, a mulher do presidente.

Descobriu-se que entre 1990 e 1991 a primeira-dama desviou volumosas verbas públicas, chegando ao cúmulo de enviar uma fortuna para uma fundação fantasma intitulada Pró-Carente de Canapi, sua cidade natal. Ao checarem o endereço, bateram à porta da casa da mãe de Rosane.

Mas a mulher e a sogra não foram os únicos problemas do presidente. Em maio de 1992, seu irmão, Pedro Collor, deu entrevista bombástica à *Veja* contando como funcionava o esquema de caixa dois do governo, como o tesoureiro da campanha, Paulo César Farias, achacava os empresários, exigindo-lhes fortunas que, em grande parte, iam parar no exterior.

Para complicar, ainda no começo de 1992 o ministro do Trabalho e da Previdência, Antonio Rogério Magri, foi pego em uma gravação telefônica admitindo ter recebido uma propina de 30 mil dólares para facilitar a liberação de recursos do FGTS de uma empresa. Os 45 minutos de gravação deixaram claro que o ministro, deslumbrado com o poder, tentaria usar o cargo para novas negociatas. Sem outra alternativa, o presidente afastou Magri.

Como crianças assanhadas por um brinquedo novo, membros da equipe de Collor não escondiam a excitação pela possibilidade de angariar fortunas em veladas negociações com empresários. Algumas histórias se transformaram em lendas urbanas. A mais famosa delas relatava com detalhes o dia em que Paulo César Farias teria comemorado, em um jantar, a arrecadação de um bilhão de dólares. Testemunhas teriam visto um enlouquecido PC acender seu charuto com uma nota de cem dólares – gesto que, a partir daquele evento, teria se tornado uma mania para os integrantes da "República de Alagoas". Nos cafés-da-manhã na Academia de Tênis de Brasília, a ministra da Economia Zélia Cardoso de Mello deixava escapar, entre altas risadas com seus pares, revelações que políticos experientes não compartilham nem com a família.

Quando, entre agosto e outubro de 1992, jovens das principais cidades do País pintaram seus rostos com as cores da bandeira brasileira e foram às ruas gritar pelo impeachment do presidente, na redação da TV Globo nós já sabíamos que o processo era irremediável. Afastado da presidência da República em 2 de outubro, Collor foi julgado pelo Senado Federal em

29 de dezembro de 1992. Como último recurso para preservar seus direitos políticos, renunciou ao mandato antes do início do julgamento, mas mesmo assim foi julgado e teve seus direitos políticos cassados até 2000. O vice Itamar Franco assumiu a presidência. Um fim melancólico para uma era de tanta esperança.

Dizem que uma das propriedades do tempo, além de curar as feridas, é permitir uma visão mais lúcida dos fatos vividos, livre dos sobressaltos do momento. Obrigada a recordar agora aquele período para escrever este livro, veio-me uma provável explicação para alguns acontecimentos terríveis que sucederam o impeachment de Collor.

Por mais que os brasileiros estivessem orgulhosos de sua reação corajosa contra o presidente corrupto, na verdade o que ficou não foi um gosto de vitória, mas sim a amarga decepção de ver novamente o sonho da democracia naufragar. O País já tinha saído às ruas para escolher Tancredo Neves, e com sua morte inesperada, teve de engolir o vice José Sarney. A história se repetia. O improvável Itamar Franco assumia ostentando um topete dos anos de 1960 e estimulando o relançamento do Fusca (ao menos Collor tinha chamado os carros nacionais de "carroças" e aberto a importação, estimulando a concorrência).

Mais do que retrocesso, a sensação geral se aproximava do desespero. Os problemas, no mínimo, continuavam os mesmos, enquanto a inflação, qual sangria desatada, batia recordes. Como cidadã, também senti o baque. Nasci em 1968, pleno Governo Militar, ano em que o marechal Humberto de Alencar Castello Branco decretou o AI-5 e cerceou a liberdade de expressão. Democracia era uma palavra pronunciada pela minha geração como se fosse um sonho, um paraíso distante. E quando a tivemos, fizemos isso com ela?

Ira

Estou certa de que a profunda decepção com Collor, a desconfiança de que, qualquer que fosse o regime, estaríamos sujeitos às características de caráter do político e, por extensão, do homem brasileiro, prostraram o Brasil e, principalmente, Brasília. Mas depois da apatia vem o ódio, a fúria, e só isso pode explicar as notícias que fui obrigada a dar naquele ano de 1993.

Primeiro foi o caso do assassinato estarrecedor do estudante Marco Antônio de Velasco e Pontes, o Marquinhos, de 16 anos, linchado a golpes de caratê às 15 horas do dia 10 de agosto de 1993 por dez garotos de uma gangue que se intitulava Falange Satânica. Marquinhos, ou Salsicha, apelido pelo corpo alto e magro de 1,88 m e 60 quilos, estava a caminho da padaria, com dois amigos, quando a gangue surgiu. Os amigos conseguiram alcançar a Igreja Messiânica, mas Marquinhos caiu e por dois minutos serviu de alvo imóvel para golpes de artes marciais que provocaram traumatismo craniano, baço rompido, braços e costelas quebrados.

Marquinhos morreu dez horas depois de ser internado, e o seu assassinato, ocorrido em plena tarde na outrora tranqüila Quadra 316 Norte, quadra que eu morava na época, o primeiro na cidade envolvendo jovens de classe média, despertou a Capital para a verdade inconveniente de saber que seus filhos também podiam matar, ou morrer, como os garotos das cidades-satélites.

Testemunhas do crime sofreram ameaças – entre eles um garoto, filho de um amigo jornalista, que teve de ser tirado da cidade para não sofrer represálias. A família de Marquinhos preferiu não falar mais sobre o assunto. Sua melhor amiga, Lálida Figueiredo, que tinha apenas 13 anos quando ele foi morto, falou ao *Correio Braziliense* sobre as conseqüências do episódio: "A inocência da nossa quadra acabou com a morte do Sal. Nunca tinha ido a um enterro, nunca imaginara algum tipo de risco".

É a velha história. Enquanto horrores assim acontecem na periferia, com garotos pobres, sem expectativas nem sobrenome, a notícia se resume a uma notinha no jornal. Mas se o telespectador vê no episódio um risco à segurança da sua família, então a classe média reage, pede providências, aciona as autoridades. O caso ganhou tal proporção que o presidente Itamar Franco resolveu intervir na segurança pública de Brasília. Academias de luta foram fechadas e foram presos 11 acusados, mas a sensação de plena segurança jamais voltou às quadras da cidade.

Sempre que acontecia algo assim, no dia seguinte as pessoas ponderavam comigo que o telejornal não deveria dar tanta ênfase a esse tipo de notícia que só prejudicava a imagem da cidade. Brasília já estava tão machucada com tantas notícias ruins, de escândalos e violências, que as pessoas me pediam para dar matérias mais leves, de saúde, educação, qualidade de vida...

Porém, no dia em que o noticiário puder mudar a realidade, teremos algo parecido com o filme *Show de Truman*, em que o personagem interpretado pelo ator Jim Carey, sem saber, vive um roteiro idealizado por um programa de tevê. Bem que a Capital e o Brasil queriam mudar rapidamente aquele enredo, mas, como se todo o mal ainda não tivesse sido expurgado, dois meses após a morte de Marquinhos um crime ainda mais repulsivo provocou insônias e pesadelos nos habitantes do Planalto.

Refiro-me ao caso de José Carlos Alves dos Santos, ex-diretor do Departamento de Orçamento da União, que fez a terra tremer do Oiapoque ao Chuí quando, na edição da revista *Veja* de 20 de outubro de 1993, revelou um esquema de corrupção que, segundo ele, envolvia deputados, senadores, empreiteiros, governadores, ministros e ex-ministros. As evidências eram cristalinas. O próprio José Carlos guardava em casa uma fortuna em dinheiro vivo (noticiários da época falam de 600 mil a dois milhões de dólares).

Ao final das investigações, foi pedida a cassação de 18 parlamentares, dos quais oito conseguiram a absolvição, quatro renunciaram antes do julgamento e seis acabaram devidamente defenestrados, entre eles o presidente da Câmara, Ibsen Pinheiro. Mas a história não acaba aí...

Enquanto Brasília estava paralisada com a história de José Carlos, trabalhador competente, professor universitário, economista de renome que na verdade era o cérebro dos maiores desvios no orçamento da União de que se tinha notícia, mais um acontecimento espantoso envolveu esse que era tido como um funcionário público exemplar: sua esposa, Ana Elizabeth Lofrano Alves dos Santos, tinha sido barbaramente assassinada.

Estive na casa de José Carlos assim que Ana Elizabeth sumiu. Ele chorou quando recebeu a imprensa e disse que sofria com a perda da esposa amada. Naquele momento, senti pena por aquele homem. Parecia tão sincero! O personagem principal daquele escândalo de corrupção tinha, enfim, um lado humano. Era um homem apaixonado que, em um momento de total fragilidade, se via sem a mulher tão querida. Isso foi o que contou aos jornalistas e eu, como a maioria dos que estavam presentes, acreditei.

Na verdade, a corrupção era um crime menor de José Carlos. Ele também era assassino. Sua esposa, Ana Elizabeth Lofrano Alves dos Santos, assessora do Ministério da Educação, foi morta a seu mando. Ele contratou o detetive Lindauro da Silva e o mecânico Valdeí de Souza para "fazer o serviço". Os detalhes do crime são revoltantes. Fingindo uma reconciliação, José Carlos convidou Ana para um jantar romântico. Quando voltavam para casa, Lindauro e Valdeí simularam um assalto e, sob o olhar do marido, mataram sua mulher a golpes de picareta e a enterraram em cova rasa.

Ao se esmiuçar a vida de José Carlos, descobriu-se que mantinha um apartamento para encontros amorosos com farto material pornográfico, drogas e gravações de suas peripécias sexuais. As investigações comprovaram que seu casamento estava desmoronando, que sua mulher havia descoberto suas degradações e já havia tentado denunciá-lo por suas práticas, tanto aquelas relacionadas com o Orçamento da União quanto as taras sexuais. A cada programa que o telejornal falava desse caso, no dia seguinte eu ouvia queixas dos telespectadores, envergonhados de tanta baixaria.

Naqueles momentos eu via uma tristeza profunda no olhar das pessoas. Era evidente que os brasilienses estavam em pânico com a possibilidade de que a ambição desmedida dos forasteiros de terno e gravata contaminasse a cidade, invertesse definitivamente seus valores, tornasse a Capital do País uma Babilônia promíscua, sem ética e sem respeito.

Acostumadas a associar crimes hediondos à miséria e à ignorância, ficava difícil para as pessoas aceitarem que gente bem criada, de vida confortável e família estável, como elas próprias, pudesse cometer tais atrocidades. Assim, após um período de relativa calma, é fácil imaginar o clima de terror moral provocado em Brasília pela morte do cacique pataxó Galdino Jesus dos Santos, queimado vivo por cinco rapazes de classe média quando dormia em um ponto de ônibus na Asa Sul, região nobre da cidade.

Galdino, de 44 anos, tinha ido à cidade no dia 19 de abril de 1997 para as comemorações do Dia do Índio, uma forma de o homem branco homenagear os primeiros habitantes da pátria. Na madrugada do dia seguinte, enquanto dormia na rua, teve o corpo encharcado com um litro de álcool pelos rapazes que voltavam da balada e queriam apenas se divertir.

Quando se olhava as fotos daqueles moços, era impossível não imaginar que poderiam ser nossos irmãos, primos, filhos. O que poderia haver de errado com eles? O que poderia haver de errado com os jovens que nasceram cercados pela proteção e pelo conforto da cidade mais desenvolvida do Brasil? Será que, além de comida, diversão e arte, as pessoas também precisam de ética e exemplos?

Um telejornal está proibido de fazer julgamentos morais. A notícia é uma expressão da realidade e sua importância depende do grau de impacto que provoca nas pessoas. Era impossível ficar indiferente ao caso do índio imolado na Capital do País por garotos maus de famílias boas. Falamos no caso, nos aprofundamos nele em muitas edições do DF TV. Fomos obrigados a expor as entranhas de uma juventude até então celebrada por sua música.

Os jovens de Brasília tinham defeitos sim, não eram apenas poetas. Nossa cidade foi obrigada a encarar de frente esse tipo de degeneração social após uma década de "Rock Brasília" que havia encantado o País. Era triste noticiar as mazelas da cidade que adotei, mas minha cumplicidade com ela terminava no ponto em que começava minha responsabilidade como jornalista.

Magia

O prédio da Globo em Brasília é simples, quase austero. Como se não pretendesse desviar a atenção do jornalista para nada mais além do seu trabalho diário junto aos poderes do País, ele não tem a suntuosidade de outras praças da rede. É térreo, bem no centro da cidade, com uma estrutura enxuta, onde só se respira jornalismo. Enfim, um lugar onde a vaidade não está na estética, mas no conteúdo.

Estranhei que não houvesse ao menos um camarim, uma produção de moda lá. TV é imagem, não há como fugir disso. Tinha trabalhado como modelo em Belo Horizonte, fiz desfiles em Cuiabá e sempre me interessei pelo belo, pelo visual. Sabia que em outras praças, onde cobri férias dos apresentadores, como Rio e São Paulo, havia uma preocupação com os figurinos, uma produção de moda bem estruturada. Então falei com um, com outro, e finalmente consegui autorização do Alexandre Garcia para montar um camarim com maquiador e figurino para os apresentadores dos três telejornais. As colunistas de moda Cristina Franco e Regina Martelli me ajudaram nessa empreitada.

O jornalismo era minha área de maior interesse, mas não a única. Sempre tive um olhar aguçado, curioso e analítico para a moda. Por meio da roupa é possível analisar uma pessoa, um povo. E o de Brasília era bem comportado, bem formal. Logo que cheguei, percebi que os homens usavam ternos e as mulheres tailleurs, aquela coisa comportadinha de funcionária pública. Elas não eram modernas como as de São Paulo, ou informais como as do Rio.

Confesso que eu também usava terninho com ombreiras. Há um vídeo no youtube que me mostra apresentando o DF TV, em 1993, com um blaser cor-de-rosa. Hoje é pitoresco, esquisito, alguns podem dizer que é um horror, mas era a moda da época.

Hoje a mulher de Brasília é bem mais moderna, mais casual. Algumas ainda seguem o padrão terninho por exigência do emprego público. O chique das brasilienses está nos acessórios: bolsas, jóias; elas são muito ligadas em grife. Os homens são vidrados em ternos de marca.

Com menos de dois anos de cidade eu já tinha montado duas lojas de roupas: uma na superquadra 114 Norte e outra no Conjunto Nacional, que é um shopping. Resolvi montá-las de tanto ser elogiada por meu bom gosto. As pessoas ligavam para a redação ou me paravam na rua para perguntar a marca das roupas que eu usava – e o detalhe é que muitas peças eu mesma tinha mandado fazer. Então, resolvi trazer para a cidade grifes com um bom preço, criei as pontas de estoque e deu muito certo.

A essa altura já conhecia muita gente, mas a maioria não era ligada ao jornalismo. Na verdade, não fiz grandes amizades na Globo. Talvez porque fosse um ambiente propício para se desenvolver na profissão, mas não para fazer amigos.

Se havia ali um pecado capaz de afastar as pessoas, esse era, sem dúvida, a vaidade. Não a vaidade inofensiva ligada à aparência ou à estética, mas a que se impregnava, corrosiva, nas relações de poder em Brasília. Palavra de diversos significados, um deles caía como uma luva para os políticos: "Desejo imoderado de atrair admiração ou homenagens". Mas outra definição de vaidade, mais ampla, servia perfeitamente para muitos jornalistas da Globo, que nutriam uma "estima exagerada de si mesmos" a cada nova matéria de sucesso.

Com o noticiário de Brasília chegando a ocupar 70% do Jornal Nacional, com todas as atenções do País voltadas para lá, uma matéria de 30 segundos podia influir mais na vida nacional do que um jornalista normalmente consegue em toda a sua carreira, ou do que um escritor com todos os seus livros, por exemplo. A consciência desse poder só não desequilibra os mais sábios e menos ambiciosos, mas estes provavelmente não optaram pelo jornalismo.

A busca diária para fazer o melhor, ou ser considerado o melhor, fazia a redação arder diariamente numa dolorosa fogueira de vaidades. Nessas horas, o clima de competição podia se tornar exageradamente agressivo e despertar sentimentos negativos opostos, como a arrogância e a inveja. Não é de se estranhar que isso ocorra em redações por esse Brasil afora, mas quando se trata de renomados jornalistas globais cobrindo uma crise em Brasília, a fogueira pode se transformar em uma pira olímpica.

Imagino o que um renomado jornalista, orgulhoso de sua fama, não faria se tivesse de decidir entre ser o primeiro a anunciar mais um grande escândalo político em Brasília – com grandes desvios de dinheiro e todos os ingredientes de um caso bombástico –, ou esperar para fazê-lo só depois de checar todas as denúncias, correndo o risco de ser furado. Temo que nesse caso a ânsia insaciável de prestígio faria esse jornalista optar pela opção que lhe trouxesse reconhecimento imediato, ainda que corresse o risco de jogar inocentes na vala comum dos corruptos.

Alma

Em Brasília me convenci de que o jornalismo, mais do que uma profissão, é um estado de alma. Como definiu o escritor e jornalista colombiano Gabriel García Márquez, "jornalismo é uma paixão insaciável que só se pode digerir e humanizar mediante a confrontação descarnada com a realidade... Ninguém que não tenha nascido para isso e esteja disposto a viver só para isso poderia persistir em uma profissão tão incompreensível e voraz, cuja obra termina depois de cada notícia, como se fora para sempre, mas que não concede um instante de paz enquanto não torna a começar com mais ardor do que nunca no minuto seguinte".

Aprendi a me comportar nessa batalha velada de entender e decodificar os fatos, nessa relação silenciosa e fatal entre a mina e o homem que a desarma, com os melhores professores que poderia ter. Pude conviver com alguns dos mais talentosos e experimentados jornalistas da tevê brasileira: Ana Paula

Padrão, Pedro Bial, Alexandre Garcia, Delis Ortiz, Carlos Monforte, Cristina Serra, Cláudia Bontempo, Paulo Echebarria, Antonio Augusto, Heraldo Pereira, que hoje é âncora do Jornal Nacional no fim de semana, e outros que conheci cobrindo férias no Rio, como Caco Barcellos, Britto Junior, Marcus Humel, Carlos Nascimento e Cláudia Cruz, entre outros.

Do Pedro Bial eu já era fã antes de conhecê-lo. Chegava à redação logo depois do almoço, horas antes do programa, e ficava observando, atenta, o trabalho de garimpagem de informações, a maneira como os jornalistas conversavam com as fontes e, finalmente, como traduziam tudo aquilo em textos sintéticos, precisos, envolventes. Adorava a maneira como a Ana Paula simplificava as notícias sem vulgarizá-las. Suas matérias eram um escândalo de maravilhosas.

A pauta dizia que os Estados Unidos tinham reduzido o subsídio para o trigo. E daí? O que isso tinha a ver com a vida do telespectador? Essa era a pergunta que a Ana Paula se fazia, e assim criava um texto didático, bem humorado, mostrando o que isso refletiria no preço do pãozinho que você comia no café-da-manhã. Ela sabia que estava falando para pessoas de todos os níveis sociais, culturais, com conceitos e preconceitos diferenciados, então a melhor maneira de se comunicar com o maior número de pessoas é simplificar a informação, mas sem permitir que se torne primária, banal. É uma linha fina que só pode ser trilhada por grandes jornalistas.

Como o Pedro Bial, o repórter que cobriu a queda do muro de Berlim e a Guerra do Golfo, com seu texto tocante e criativo repleto de metáforas, que descreve situações factuais com o esmero e a delicadeza vistos apenas em crônicas e poesias.

A redação da Globo, nos primeiros anos, era a minha vida em Brasília, onde eu passava a maior parte do tempo e onde fiz quase todos os meus amigos na cidade. Os outros vieram do curso de Comunicação Social do Ceub, onde estudei quatro anos para conseguir o diploma de jornalismo. O engraçado é que minhas aulas começavam às 19 horas e o telejornal que eu apresentava terminava às 19h50m. Eu só conseguia chegar às 20h10m, mas os professores e os colegas entendiam, porque sabiam onde eu estava. Ninguém comentava sobre meus atrasos. Para uma aluna de jornalismo, eram plenamente justificados.

Para quem já trabalhava no jornalismo da Globo, era difícil administrar a diferença entre a realidade da profissão e as aulas de laboratório na faculdade, mas eu evitava questionar os professores – não queria ser olhada como uma figura controversa e também sabia que seriam críticas em vão. Não havia e não há como comparar as situações reais de redação com o laboratório da faculdade. O jornalismo se aprende no dia-a-dia.

Acredito que tenha sido uma aluna atenta, participativa. Estaria mentindo se dissesse que aprendi muito, mas, além do diploma – essencial para se exercer a profissão –, valeu pelos conceitos de ética. Conscientizei-me, entre outras coisas, da necessidade absoluta de se ouvir os dois lados de uma questão, e a tremenda responsabilidade que o jornalista tem sobre o futuro das pessoas. A matéria irresponsável destrói uma vida, a reputação de uma pessoa. A notinha de retratação no dia seguinte não consegue reparar o estrago.

Fui contratada exclusivamente para apresentar o DF TV, mas nunca me acomodei em ser apenas uma leitora de TelePrompter. Vinha de uma redação pequena, em Cuiabá, onde aprendi a fazer matérias de rua, editar, apresentar programas, discutir pautas, produzir enfim –, tudo que se pode fazer na redação.

Meu chefe na Globo de Cuiabá, Pedro Pinto, dizia que o jornalista precisa ser versátil, e me colocava para acompanhar repórter, editar matérias, apresentar programa de variedades, telejornal, Globo Esporte... Quando comecei a fazer o programa esportivo foi desafiador, pensei que não daria conta. Esse jogo de cintura foi importante para que eu me adaptasse rapidamente às exigências do trabalho em Brasília.

A intensidade e variedade de Cuiabá foram substituídas pela necessidade absoluta de precisão, de cuidado com os detalhes, de atenção com as nuances que pairam por trás da obviedade da notícia. Vi com que concentração obsessiva meus companheiros tratavam o caso do impeachment de Collor. Todos estavam conscientes de sua responsabilidade diante de um fato que, certamente, mudaria a história do País.

Além do rigor absoluto com o conteúdo, percebia também como tratavam a forma da notícia. Na tevê é preciso descobrir o timing certo para cada matéria, que não pode ser muito longa, invasiva, ou agressiva demais. Precisa ser compreendida pelo maior número de pessoas possível, mas tem de ter um quê de classe, humor ou gravidade, dependendo do tema. Descobrir o tom ideal de cada matéria sempre será o grande dilema do jornalista. Tive o privilégio de acompanhar esse drama de perto e constatar como os grandes profissionais atravessam o arco-íris até o pote de ouro.

Aos poucos, fui seduzida pelos temas ligados à política, os mais comentados e envolventes em Brasília. Quando cheguei, já adorava as crônicas do Alexandre Garcia. Depois, ao conviver com aquela efervescência diária na redação, era impossível ficar indiferente ao que acontecia na Câmara, no Senado, nos Ministérios. Ao tomar conhecimento dos fatos, você inevitavelmente faz seus julgamentos e, quando menos se dá conta, já está se interessando avidamente pelo assunto.

Imagem

O político comum, para dizer a que veio, precisa se contentar com suas escassas aparições no horário eleitoral gratuito. Os grandes caciques da política brasileira, porém, costumam ter à sua disposição os mais variados meios de comunicação para manter sua imagem em evidência. Abençoados por um sistema de favorecimentos que privilegia a classe política e afronta a democracia, eles trocam concessões de rádios e tevês entre eles e, sem culpa, seguem os ensinamentos do grande cacique baiano Antonio Carlos Magalhães, autor da célebre frase: "Quem tem televisão, rádio e jornal está sempre no poder".

Para um político que sonhe atingir os píncaros da carreira, a crítica jornalística pode ser um obstáculo terrível. Assim, em vez de mudar seu comportamento, é mais cômodo garantir que as notícias sobre ele sejam sempre favoráveis e não atrapalhem sua imagem. Para isso, nada mais conveniente do que ter jornalistas como funcionários, pois a sombra do desemprego costuma abrandar mesmo os espíritos mais exaltados.

O venerável ACM, amado por metade do povo da Bahia – e odiado pela outra –, seguiu à risca a filosofia de colecionar rádios, jornais e tevês, e ao morrer, aos 79 anos, em julho de 2007, deixou um império que fatalmente elegerá muitos de seus herdeiros. Três vezes governador da Bahia e duas vezes senador, Antonio Carlos Magalhães deve ter se sentido a raposa tomando conta do galinheiro quando foi indicado Ministro das Comunicações pelo presidente Tancredo Neves, em janeiro de 1985.

A morte repentina de Tancredo não atrapalhou os planos de Magalhães, confirmado no cargo pelo vice José Sarney, outro que acredita no poder do jornalismo, desde que a favor. Não se sabe se ACM Júnior, que assumiu a presidência da Rede Bahia, tem o mesmo talento político do pai, porém, exposição na mídia não faltará.

A família possui o jornal *Correio da Bahia*; a TV Salvador, afiliada da Rede Globo em Salvador e região; a Rádio Globo FM de Salvador; o portal iBahia.com; o canal por assinatura da TV Salvador, mais duas emissoras de rádio e cinco retransmissoras da TV Globo.

Com tanto poder de fogo nas mãos, ACM Júnior só não seguirá o exitoso caminho do pai na política se não demonstrar a mínima vocação para ela, ou se o povo baiano descobrir outros candidatos melhores, mesmo que menos expostos na mídia.

A história da popular família Magalhães se repete pelo Brasil afora, com forte incidência no Norte e Nordeste, onde raramente se vê um político que não tenha ao menos sua radiozinha. No Maranhão, o senador José Sarney (eleito pelo Amapá) há muito vem acumulando um patrimônio respeitável:

é dono do jornal *O Estado do Maranhão*, o mais importante entre os dez diários do Estado, e da principal rede de rádio e televisão maranhense, o Sistema Mirante e o Mirante Sat, ligados à Globo.

Outro senador, também formador de opinião, é o cearense Tasso Jereissati, dono da TV Jangadeiro, em Fortaleza; das rádios Jangadeiro FM 88,9, FM Camocim, FM Brejo Santo, FM Limoeiro, FM Quixadá e FM Sobral. O grupo compreende também a Net Fortaleza, afiliada ao sistema de tevê por assinatura Net Brasil.

Em Alagoas, Estado que apesar de carente nos indicadores sociais é pródigo em políticos, o principal grupo de comunicação é a Organização Arnon de Mello, que detém a poderosa *Gazeta de Alagoas*, controlada pelo ex-presidente Fernando Collor.

Nesses veículos, abundam pautas que contemplam o político, principalmente às vésperas ou durante as eleições. O *Correio da Bahia* chegava a escalar um repórter para acompanhar Antonio Carlos Magalhães em todo o seu percurso até as urnas, reproduzir os elogios que recebia, o que dizia aos fiscais, quanto tempo demorava para votar etc.

A tendência do político carreirista, de garantir bajulações e calar os críticos por meio da compra de veículos de imprensa, é mais acentuada no Nordeste, região com os piores índices educacionais do País, mas não poupa os Estados mais desenvolvidos. Em São Paulo, o ex-governador Orestes Quércia, que começou pobre na vida pública e hoje tem um patrimônio declarado de mais de 100 milhões de reais, é dono do jornal *Diário do Comércio e Indústria (DCI)*, da rádio Nova Brasil FM.

O Distrito Federal segue a mesma tendência. Três jornais são de sócios ou aliados do ex-governador e ex-senador Joaquim Roriz: *Jornal de Brasília*, *Tribuna de Brasília* e *Jornal da Comunidade*. O único jornal da cidade que publicou o escândalo envolvendo Roriz com o Banco de Brasília – que causou a renúncia do senador – foi o neutro *Correio Braziliense*.

Das grandes metrópoles, essa prática se ramifica para pequenas cidades e vilas, onde políticos menores também utilizam veículos de comunicação regionais para manter seu nome em evidência, enaltecer seus feitos e esconder falcatruas. A acintosa dominação que os grupos de poder mantêm sobre a opinião pública coloca em cheque uma questão crucial: vivemos mesmo em um país com liberdade de opinião, ou desde os tempos de Getúlio Vargas somos levados a acreditar no que querem que a gente acredite?

Amizade

É evidente que o verdadeiro jornalismo não pode conviver com o poder. Para ser isento e merecer a confiança da sociedade, precisa ser livre. Porém, como é uma fera que aprecia devorar políticos, estes tratam de mantê-la em cativeiro, principalmente em selvas de ignorância e impunidade, como o Brasil. Assim, o ditador Getúlio Vargas, que comandou a nação de 1937 a 1945, tratou de estabelecer critérios eminentemente políticos para distribuir concessões para emissoras de rádio (não havia tevê), iniciando a tradição que tornou a imprensa brasileira a voz do poder.

Competência, currículo e capacidade financeira são critérios secundários para se obter a concessão de um canal de rádio ou tevê no Brasil. Se você não for alguém no mundo político, se não tiver sólidas relações no meio, terá incríveis dificuldades para consegui-las. Políticos controlam diretamente cerca de ¼ das concessões de TV no Brasil. Fora as incontáveis em mãos de "laranjas".

Como uma tevê ou rádio, além da força de divulgação, podem se transformar em verdadeiras máquinas de se ganhar dinheiro, conceder esse privilégio é um trunfo que gera aliados eternos. ACM adotou entusiasticamente essa estratégia, mas ninguém distribuiu mais concessões do que o presidente José Sarney: nada menos do que 1.028, duas delas para seus familiares no Maranhão. A generosidade conseguiu convencer parlamentares a votar a favor da extensão de seu mandato de presidente, de quatro para cinco anos.

Mas Sarney apenas aumentou a dose de um remédio que vinha sendo ministrado à sociedade brasileira há muito tempo. De 1922 a 1963 ocorreram 807 outorgas de emissoras de rádios e tevês no País. Em metade desse tempo, nos 20 anos de regime militar (1964-1984), o total foi de 1.240. Destas, uma parte significativa ficou com homens públicos, principalmente no Nordeste.

Na Bahia, 50% das emissoras de rádio pertencem a políticos, e em Pernambuco esse índice é de 44%.

Estima-se que 31,12% das tevês conveniadas do Brasil estão nas mãos de políticos, assim como 40,19% das rádios. Para sorte da democracia, eles não têm se mostrado muito competentes para gerir negócios, e apenas os Jereissati, do Ceará, estão entre as oito famílias que dividem as maiores fatias do mercado da comunicação brasileira. Pela ordem, esse time seleto é formado por: 1 – Marinho (Globo); 2 – Saad (Band); 3 – Abravanel (SBT); 4 – Sirotsky (RBS-Sul); 5 – Câmara (região Centro-Oeste); 6 – Daou (Norte); 7 – Zahran (Mato Grosso) e 8 – Jereissati (Nordeste). Só Band e SBT não são afiliadas da Rede Globo.

O panorama tende a ficar mais complexo com a inclusão de grandes grupos religiosos, que usam a comunicação para eleger seus representantes, a ponto de já manterem bancadas representativas no Congresso Nacional. O maior poder entre os evangélicos está na Igreja Universal, do bispo Edir Macedo, que adquiriu a Rede Record de Rádio e Televisão e hoje atinge 90% do País. Os católicos são representados pela emergente Rede Vida, que em dois anos de funcionamento já alcançava 500 cidades.

Para Ignacio Ramonet, diretor do jornal francês *Le Monde Diplomatique*, o faturamento das empresas de comunicação, que já ultrapassou 10% da economia mundial, poderá transformar a mídia em um instrumento de opressão social aliado aos políticos.

Países com uma sociedade mais politizada e uma legislação realista talvez consigam refrear essa tendência, mas o Brasil está longe de ser um deles. A rádio e a tevê brasileiras continuam regidas por leis oriundas dos anos de 1960. O parágrafo 5 da Constituição de 1988 diz que "os meios de comunicação não podem, direta ou indiretamente, ser objetos de monopólio ou oligopólio". Alguém obedece isso?

Não se cumpre, ainda, a norma legal (decreto 236/67) que limita a participação societária do mesmo grupo em várias empresas de radiodifusão, e também não se respeita a determinação de que deve haver uma carência de cinco anos para a troca de proprietários desses veículos.

Em 2001, o deputado federal Rubens Bueno apresentou um projeto para se estabelecer novas regras de concessões. Como era de se esperar, não foi aprovado. O Congresso Nacional reúne a maior concentração de donos de empresas de comunicação do Brasil. O ingênuo Bueno deve ter achado que os políticos votariam em uma lei que seria bem recebida pelos cidadãos, mas se esqueceu de que políticos nunca votam contra suas próprias regalias.

Uma rara e saudável vitória contra esse monopólio ideológico ocorreu em 1991, quando a criação do Fórum Nacional pela Democratização da Comunicação acabou por influir positivamente na regulamentação da tevê a cabo no Brasil. Com o advento da Internet e seus incontáveis e incontroláveis sites, blogs e e-mails, a sociedade brasileira ganhou uma poderosa forma de se expressar livremente. Os efeitos dessa arma fatalmente serão sentidos nas próximas eleições.

Segredo

Não há nada que o político mais tema, e ao mesmo tempo mais queira cativar, do que a imprensa. Ele sabe que ela pode mantê-lo em evidência, mas também é capaz de, em uma denúncia, acabar com sua carreira. É uma relação de amor e ódio, uma constante sedução.

Quanto ao jornalista, se não costuma admirar políticos, a verdade é que precisa deles para não ficar para trás na corrida pelas notícias, para saber o que se passa nos bastidores, para não perder o furo de reportagem que pode transformá-lo em editor, ou, quem sabe, correspondente internacional, com salário e prestígio dobrados. Por isso, essa relação entre o jornalista e sua fonte é, disparada, a mais delicada de Brasília.

Eles podem ser vistos, juntos, almoçando ou jantando em restaurantes conhecidos da cidade; em longas conversas nos gabinetes da Câmara e do Senado; em festas promovidas nas casas de amigos comuns, ou até mesmo de shorts e camiseta, suados, latinha de refrigerante diet na mão, após uma animada partida de tênis na Academia. Sabem que se precisam, e por isso se encontram, se falam, se suportam, mas há sempre nuvens negras de desconfiança pairando sobre suas cabeças – que podem, a qualquer momento, se transformar em dilúvios colossais e carregar vidas, currículos e projetos para o ralo da vergonha e do ostracismo.

Em Brasília, o jornalista não tem como fugir da relação com o político, que ao mesmo tempo é a notícia e a fonte mais cobiçada. Em metrópoles como São Paulo e Rio de Janeiro, todas as áreas de interesse são contempladas – cultura, esportes, indústria, turismo –, mas na Capital, com raras exceções, o jornalista que não tiver bom trânsito com políticos fica sem ter o que falar.

Boas fontes são vitais, principalmente para o profissional de tevê. Uma nova visão sobre um fato que durante o dia já foi exaustivamente noticiado na Internet exige informações sólidas, o ponto de vista de diferentes parlamentares, o que o obriga a um contato direto com eles ou seus assessores. Nessa hora, o peso da Globo conta muito, pois pode haver um pouco de má vontade com uma ou outra emissora, mas ninguém diz não à Globo. Os olhinhos deles brilham para as lentes da Globo e se for Jornal Nacional então, a boa vontade quadruplica.

Na redação, a competição pela melhor pauta, a melhor reportagem, o melhor texto, era avassaladora. Você tinha mesmo de se destacar a cada dia. Mas, em compensação, a Globo lhe dava estrutura, conhecimento, prestígio e a garantia, inestimável para todo repórter, de que ninguém bateria o telefone na sua cara. Quando o político não pode falar de jeito nenhum, pede para um assessor lhe atender e tentar conseguir a informação que você quer. Eles sabem da audiência que a Globo tem e precisam estar na mídia. Precisam aparecer para dar uma satisfação a seus eleitores do que estão fazendo por eles, e também por pura vaidade.

Como político é vaidoso! Acendem-se as luzes, ele fixa a câmera e começa a desempenhar o papel de que mais gosta. Uma entrevista lhe dá a ansiada oportunidade de se mostrar articulado, bem-informado, de ser reconhecido por seu talento e demonstrar poder. Cada segundo na telinha da Globo conta pontos no ranking dos melhores articuladores, maior atributo que um político pode almejar. Eles param a agenda de compromissos nos gabinetes para assistir o JN.

O interessante é que essa vaidade transborda e vai descendo, em cadeia, até os escalões mais baixos do mundo parlamentar. A mesma água-benta que banha o político serve ainda para santificar seus assessores, por sua vez tratados com reverência por seus subordinados. Todos os que forem respingados pela fama também se sentirão poderosos, escolhidos e agradecidos ao seu líder. Acredite, uma matéria na Globo pode fazer tudo isso.

Não se pode esquecer a grande verdade de que todo político está, sempre, pensando no próximo. No próximo pleito. Ele e seus assessores sabem que estar freqüentemente na mídia – apresentando propostas, resultados, defendendo interesses que têm apelo popular, freqüentando o Palácio do Planalto, visitando os ministérios – é meio caminho andado para a próxima eleição.

A importância de virar notícia é tão grande, que ao conseguir a proeza de ser recebido pelo presidente da República, ou pelo presidente do Senado, um parlamentar do chamado baixo clero – geralmente deputado federal em primeiro mandato, ou de atuação apagada – contrata uma assessoria para cobrir o encontro e encaminhar releases para a imprensa de seu estado. A foto desse momento não tem preço. Será usada na campanha.

Uma outra forma usual de o político ser lembrado pelo jornalista é passar-lhe informações, mostrar-se disposto a ajudar na reportagem. Ele sabe que, ao conquistar a confiança do repórter, estará garantindo outras entrevistas, outras citações do seu nome. Passará a ser a fonte preferida daquele profissional. Há deputados e senadores que não sentem o menor constrangimento de, através de seus assessores, bajular articulistas para tentar passar informações e plantar matérias (quando digo "bajular", não falo só de elogios e tapinhas nas costas, mas de passagens de avião e empregos para os parentes de alguns jornalistas menos éticos).

Plantar informações é uma maneira de sondar as reações do mundo político e da própria opinião pública sobre prováveis decisões, como a indicação de um nome para determinado cargo, como o de diretor de uma estatal por exemplo. Caso esse nome seja bem aceito, ou não provoque grandes reações, o boato se tornará realidade. Do contrário, a nota será logo esquecida juntamente com o apadrinhado, que cai em desgraça (essa também é uma forma de fritar um candidato a bons cargos: expor seu nome à crítica da imprensa e depois dizer que, infelizmente, não dá para "acomodá-lo" porque a mídia caiu em cima).

Ao final do expediente, alguns parlamentares têm o hábito de reunir-se com sua equipe para o balanço do dia e, em seguida, "confidenciar" a conceituados jornalistas nomes que provavelmente assumirão cargos importantes nos próximos dias. Obviamente só divulgam nomes de protegidos seus, e esperam para ver a reação do presidente da República, ou do ministro responsável por aquela nomeação.

Jornalistas experientes sentem quando estão sendo usados, mas sabem que a melhor reação é se fingir de desentendido e esperar a oportunidade para conseguir algo em troca. Afinal, notícia quente e boa é trevo de quatro folhas em Brasília e atrás dela muitos repórteres, principalmente das revistas semanais, passam o dia todo zanzando pelos corredores do Congresso, visitando gabinetes, perguntando, investigando. Sabem que um grande furo pode ter o seu preço e estão dispostos a pequenas concessões para chegar até ele.

Quando as concessões são excessivas, entra-se no terreno tenebroso da subserviência, praticada, geralmente, por jornalistas de veículos menores, sem comprometimento. Você percebe que o jornalista está amarrado a algum político, ou partido, quando muda seu enfoque ao sabor das conveniências de quem ele precisa agradar, ou proteger. Como um colunista de um diário de Brasília, que, como se morasse na Suíça, ignorou olimpicamente as denúncias que envolviam o presidente do Senado. Passou toda a crise elogiando o parlamentar enquanto todos os formadores de opinião faziam jornalismo investigativo.

Há também os interesses dos veículos de comunicação, que são empresas privadas com visões distintas dos fatos políticos. Até porque muitas delas pertencem a políticos, que detêm boa parte do império da comunicação do Brasil (ver próximo subtítulo). Assim, o assunto que merece grande destaque em um jornal pode ser proibido em outro. Ou então se entra naquele processo enganoso de cobrir um acontecimento, mas sem se aprofundar, ou cobrir um dia e não falar mais naquilo. Nesses casos, por mais que queira, um jornalista que pretenda manter seu emprego não tem como infringir os interesses da empresa em que trabalha.

Essa via de mão dupla entre a sede pela notícia e a fonte que a sacia exige no mínimo um pacto de confiança, ou de não-agressão, que pode se transformar em uma relação tão próxima, tão íntima, que os lados interessados talvez acabem como amigos, ou algo bem parecido. Mas esse final feliz é pouco provável.

Entre os colegas, é comum ouvir o desabafo de um repórter: "Perco o amigo, mas não perco a notícia". Assim, mesmo que por anos ele se mantenha fiel ao pacto com as fontes, nada impede que a qualquer momento ele use as informações sigilosas que conseguiu para uma matéria bombástica. O político tem consciência disso, o que faz com que essa relação seja tensa, cheia de sobressaltos, no limite mesmo.

Mas, apesar da desconfiança, é preciso haver cordialidade. Essa é a regra do jogo e os mais espertos a cumprem à risca. Mesmo um repórter investigativo, que se proponha a ouvir suspeitos de uma fraude, por exemplo, deve agir com educação e cordialidade, pois se for grosseiro se tornará mal quisto e não conseguirá nenhuma informação. A propaganda que todos os investigativos fazem de si mesmo é: "Eu sou do bem" ou "Você tem de falar e mudar essa história".

Há uma linha fina que separa a crítica atroz da excessiva benevolência com os entrevistados. O bom jornalista sabe andar por ela sem escorregar para nenhum dos lados. A conduta cordial, mas firme, é a melhor maneira de se trabalhar nos corredores do Parlamento.

Em Brasília as pessoas aprendem muito cedo que a imprensa é o quarto poder. E o mais temido. O político sabe que uma notícia pode ser devastadora a ponto de enterrar sua carreira. Mesmo que não seja comprovada depois, ela dá margem a críticas, insultos, desconfianças, e cria um clima insustentável para suas vítimas. Foi o que aconteceu, por exemplo, com o ministro da saúde do governo Collor, Alcenir Guerra, afastado após a denúncia de superfaturamento na compra de bicicletas. Depois as investigações o inocentaram, mas sua imagem já estava manchada e não havia mais ambiente para sua volta. Até hoje o pobre Alcenir é lembrado como "o ministro das bicicletas".

Na hora do Jornal Nacional, você pode ouvir o programa em qualquer lugar da Capital. O som reverbera pelos céus do planalto. Alguns o assistem com o coração aos pulos. Todos sabem que se o Jornal Nacional abraçar uma causa e começar a insistir muito na mesma tecla, alguma coisa acontece e cabeças podem rolar. O político teme a força da imprensa. Talvez por isso esteja sempre arquitetando uma forma de dominá-la.

Enigma

Há momentos em que o destino impõe escolhas que determinarão seu futuro. É preciso ter coragem para tomá-las e ninguém poderá fazer isso por você. Eu me vi em uma situação dessas quando fui escalada e comecei a apresentar o Bom Dia Brasília, ao lado do Carlos Monforte. Senti que aquela nova rotina estava machucando minha vida. Tinha de sair muito cedo de casa, o que me afastava da Luíza, ainda muito pequena. Não podia mais tomar o café com minha filha, começar o dia ao seu lado, conversar com ela, pentear seu cabelo. Deixá-la dormindo e sair, meio que escondida, partia meu coração. Pesei muito isso, ponderei também outros fatores e tomei uma decisão que, admito, é muito difícil para a maioria dos jornalistas: saí da Rede Globo.

Nunca tive medo do trabalho nem de desafios. O ritmo dinâmico da vida em Brasília me dava a sensação de que vivia em uma terra de oportunidades e de que elas nunca me faltariam. Houve um tempo em que trabalhava na Globo, estudava jornalismo, tinha duas lojas e apresentava programas de rádio. Se há uma coisa que nunca temi, foi ficar desempregada. Saí da Globo consciente de que estava deixando a tevê mais estruturada do País, desejada por milhares de profissionais, mas tinha certeza de que o melhor estava por vir.

Não cheguei a sentir o que chamam de "síndrome pós-Globo". Ao contrário, foi como se descobrisse um admirável mundo novo. Fiquei espantada quando, pelo primeiro freelancer como apresentadora, recebi o mesmo que o meu salário na tevê. Deixara de ser pessoa física para me tornar jurídica e ganhava como tal. Passei a receber muitos convites para documentários, eventos.

Com uma imagem conhecida em Brasília, pelos muitos anos como apresentadora do DF TV, passei a ser bastante requisitada para os mais variados trabalhos como apresentadora e repórter. Nessa época cheguei a fazer entradas ao vivo no programa da Ana Maria Braga, na TV Record. Minha pauta era entrevistar pessoas premiadas pela Caixa Econômica Federal em vários estados do País.

No início da fase de freelancer também apresentei a campanha de Joaquim Roriz à pré-candidatura do governo do Distrito Federal. Cheguei a fazer uma viagem com a equipe dele para Nova York a fim de entender o programa "Tolerância Zero", que estava obtendo ótimos resultados na contenção da violência naquela cidade, e que o Roriz queria trazer para a Capital do Brasil.

Na mesma época recebi uma proposta do SBT, mas recusei. Queria permanecer mais alguns meses como freelancer, testar e conhecer o mercado. Era maravilhoso prolongar aquela sensação de descoberta, constatar que eu continuava sendo procurada por ser a profissional Mônica Veloso e não por estar ligada a uma grande emissora de televisão.

Não havia pressa para conseguir um novo emprego. Meus freelancers rendiam de três a quatro vezes mais do que meu último salário como apresentadora do telejornal. Os convites se sucediam, e entre eles surgiu um que influiria decisivamente no meu destino profissional: fui convidada para atuar na campanha de Roseana Sarney, candidata à reeleição no governo do Maranhão.

Trabalharia ao lado de gente muito competente. A empresa responsável pelo marketing seria a MCI, de Antonio Lavareda, um dos grandes profissionais do marketing e da pesquisa política no País; a coordenação de roteiros seria do baiano André Torreta, muito respeitado nessa área; a direção de cena do Alejandro, um argentino, enfim, uma equipe de primeiríssima, com equipamento high tech, mesa de edição, computador...

É impossível mensurar tudo o que aprendi nos três meses em que ficamos em São Luís. No núcleo de comunicação na periferia de São Luís, da praia do Calhau, eu tinha de fazer muito mais do que apresentar formalmente uma campanha política. Como a Roseana passou a maior parte do tempo internada em São Paulo, onde se submeteu a cirurgias para a prevenção do câncer, eu era a sua voz, eu defendia seus argumentos e respondia ao candidato adversário, Epitácio Cafeteira, que estava todo dia no vídeo, nos comícios e nas ruas, fazendo-se ver pelo povo.

A doença de Roseana foi diagnosticada quando ela tinha 10 anos, mas somente veio à tona quando sua carreira política deslanchou, e se agravou justamente às vésperas da campanha para a reeleição ao governo maranhense. O mal já obrigou a senadora a mais de uma dezena de intervenções cirúrgicas e exige dela cuidados rigorosos com a saúde. Ela precisa realizar exames de sangue de dois em dois meses e se submeter a um check-up completo a cada quatro meses.

Roseana pôde gravar poucas vezes, apenas quando estava se sentindo bem, mas a força de sua presença no vídeo era arrebatadora e a ajudava a se manter, com folga, à frente das pesquisas. Os maranhenses a adoravam. Pude testemunhar tocantes manifestações de carinho por ela. Em uma delas, ela voltava de São Paulo, após as cirurgias, e lembro que fiquei tão impressionada com a reação popular que à noite, no quarto de hotel, escrevi algumas linhas sobre aquele momento, que reproduzo agora:

"Quando o avião aterrissou, uma multidão já se acotovelava no aeroporto de São Luís. Um clima de tensão e alegria faiscava pelo ar e explodiu em aplausos e urras logo que foi possível vislumbrar o rosto bonito e amigo daquela mulher que voltava para casa com o mesmo sorriso confiante depois de passar por delicadas cirurgias em São Paulo.

Então, um frenesi correu entre as pessoas, que imediatamente passaram a acenar lenços brancos, erguer imagens de santos e cantar, emocionadas, a música que, na voz de Alcione, embalava sua campanha pela reeleição ao governo do estado: 'Roseana Sarney, Roseana Sarney é mulher forte, mulher guerreira, a primeira governadora brasileira'.

Vi aquilo e me espantei. O brilho no olhar, o sorriso quase infantil, a expressão de deslumbramento daquela gente simples desnudava a paixão que sentiam por Roseana. Nunca tinha presenciado esse sentimento entre eleitores e políticos. Respeito e admiração, sim, como testemunhei no Sudeste e em Brasília, mas aquela adoração, aquele endeusamento, nunca. Percebi naquele momento que aquela mulher pequena, de cabelos escuros, pele clara, olhos verdes, aparentemente franzina, mas com uma força interior e um carisma imensos, poderia ir muito longe na política.

Ela estava de volta ao lar após quatro cirurgias preventivas de câncer. Sua vida esteve por um fio. Houve um momento em que o cardiologista Adib Jatene saiu da sala de cirurgia e foi dizer a José Sarney que se preparasse para o pior, pois sua filha estava à beira da morte. Às lágrimas, o ex-presidente procurou um canto para fazer as orações. Porém, as dores e os males físicos acabaram superados pela 'dama de ferro do Maranhão' com a quase indiferença com que sempre havia passado por seus adversários nas urnas.

Agora, indestrutível, eterna, lá estava ela, na escada do avião, acenando para o povo, pronta para ser reeleita governadora do Estado. Mais do que isso: prestes a surpreender o mundo político e se tornar uma opção viável para se tornar a primeira mulher brasileira presidente da República".

Leio agora o que escrevi há quase dez anos, vejo o noticiário atual, que fala da eleição de Cristina Kirchner à presidência da Argentina, e penso nos motivos que me fizeram acreditar que Roseana Sarney poderia ter se tornado a primeira mulher presidente do Brasil.

Creio que a forma arrasadora com que se reelegeu, batendo Epitácio Cafeteira no primeiro turno, com 66% dos votos, mostrou a ela que o Maranhão era pequeno para suas aspirações políticas. Depois de ter sido, em 1994, a primeira mulher eleita governadora de um Estado brasileiro,

Roseana se reelegia mesmo sem poder participar ativamente da campanha. Estava claro que tínhamos ali uma personagem de grande poder político.

Além da imagem de mulher forte, decidida, Roseana tinha um passado, não se tratava de uma pára-quedista. Formada em Ciências Sociais pela Universidade de Brasília (UnB), estudou inglês e francês na Suíça, foi assessora parlamentar do Gabinete Civil da Presidência da República durante o mandato de seu pai (1985 a 1990) e antes de candidatar-se ao governo, em 1990 elegeu-se como a deputada mais votada do Maranhão, com quase 45 mil votos.

Ao contrário de Lula, que teve de maquiar sua imagem e tornar-se mais light para diminuir a rejeição do eleitorado, principalmente o feminino, Roseana não precisaria mudar nada. Tinha uma imagem pronta, de simpatia e credibilidade, mais consistente até do que a que levou Fernando Collor de Mello ao Palácio do Planalto.

Além da experiência, tanto no legislativo como no executivo, da tarimba herdada do passado político do pai e do irresistível carisma pessoal, Roseana tinha qualidades que seduzem as mulheres: era uma batalhadora pela vida, enfrentava os males físicos com uma coragem exemplar; era também uma esposa e uma mãe dedicada, acreditava tanto na maternidade que, na impossibilidade de ter filhos, optara pela adoção e tratava sua filha Rafaela com um carinho enternecedor. Ela simbolizava, enfim, a nordestina forte, porém cosmopolita, capaz de entender a situação da mulher e ao mesmo tempo pensar em novos caminhos para a sociedade brasileira.

Quando, em 2001, ela saltou à frente nas pesquisas de intenção de voto para as eleições presidenciais do ano seguinte, não me surpreendi. Suas qualidades pessoais se somavam ao fato de que as mulheres é que decidem as eleições. Elas representam mais da metade dos votos diretos e, está provado, influenciam também nas preferências de maridos e filhos.

À medida que suas chances de chegar ao poder foram diminuindo, com derrota atrás de derrota, Lula foi amenizando seu discurso. O vermelho-vivo original foi descolorindo, descolorindo, até chegar ao inofensivo cor-de-rosa que lhe garantiu a chave do palácio. Porém, nas prévias de 2001, muita gente ainda olhava o barbudo sindicalista com desconfiança.

Roseana parecia uma opção menos arriscada. De uma hora para outra os belos Lençóis Maranhenses, como se fossem obra da administração Sarney, passaram a ser atração constante na novela das oito, e já se sabia que a pauta de *Desejo de Mulher*, a novela seguinte, destacaria a trajetória de uma destemida representante do sexo fraco que, superando previsíveis dificuldades, chegaria à presidência de determinada nação tropical.

Em novembro de 2001, enquanto o PSDB não definia seu candidato, a pré-campanha de Roseana, de vento em popa, já contava com a criativa e entusiasmada liderança do publicitário Nizan Guanaes, que anunciava o tranqüilizador slogan "RS: Real e Social". Ou seja, os eleitores não precisariam temer uma mudança do quadro econômico, já que o Plano Real ia tão bem, mas podiam esperar mais atenção no aspecto social. Obviamente, RS também era uma clara alusão a Roseana, em quem Guanaes acreditava piamente.

Quando Nelson Biondi, publicitário responsável pela campanha de José Serra, disse que o inesperado índice de aceitação de Roseana era resultado de marketing puro, já que se baseava apenas em exposição, sem conteúdo, Guanaes reagiu, indignado: "O que fiz foi o antimarketing. Não teve nenhum tralalá. Foi Roseana pura, morango sem chantilly", rebateu em uma entrevista.

Eu acompanhava tudo com atenção, pois foi a campanha de Roseana à reeleição de seu Estado que me arrastou definitivamente para o marketing político. Como profissional e como mulher eu me mantinha atualizada sobre seus passos e torcia por seu sucesso. A história de seu crescente favoritismo à presidência tinha lances cinematográficos.

Cobiça

Todos sabíamos que o objetivo inicial de sua pré-candidatura era o de apenas acumular munição para que o PFL pudesse barganhar a vice-presidência na chapa governista, mas o trabalho foi tão bem conduzido por Guanaes, responsável pela eleição de Fernando Henrique Cardoso duas vezes, que em algumas pesquisas Roseana chegou a se aproximar dos 30% de intenções de voto. Um dos pontos altos dessa pré-campanha foi o programa exibido em rede nacional em 1º de novembro, onde ela aparecia simpática, com crianças e em fotos de álbum de família, mas também aguerrida, em palanques, agitando as massas.

A imagem de uma mulher enérgica tem mais força do que a de um homem. No homem é normal, na mulher é o inusitado, nos vem à mente a imagem da mãe, cuja cólera é sempre justa. Assim, a perspectiva de o Brasil ter sua primeira presidente, ou ao menos sua primeira mulher candidata à presidência com chances reais de ser eleita, parecia inevitável.

Porém, um episódio inesperado e frustrante acabou com o sonho de Roseana e decepcionou muita gente, eu inclusive: no início de 2002 a Polícia Federal invadiu os escritórios da Lunus, em São Luís – empresa de Roseana Sarney e seu marido, o empresário Jorge Murad – e encontrou R$ 1.340.000,00 em dinheiro vivo, cuja origem não foi explicada convenientemente. Murad, guindado pela mulher à condição de homem forte do governo maranhense, comandava 40% do orçamento do Estado e ainda decidia sobre a liberação dos outros 60%. Ele e Roseana já tinham sido denunciados por desvio de verbas no chamado "escândalo da Sudam", caso que já caminhava para o esquecimento quando a Polícia Federal descobriu o dinheirão na Lunus, devidamente fotografado e exibido por todo o País.

Era dinheiro de campanha? Era dinheiro explicável no meio político, mas inaceitável para a sociedade? Não houve respostas. Sem ambiente para continuar na campanha, em 13 de abril de 2002, Roseana Sarney anunciou que desistiria das eleições, deixando o caminho livre para que o ex-ministro da Saúde José Serra assumisse o papel de principal representante da classe média e dos empresários na luta contra Lula.

O episódio ajudou o PT, pois os Sarney se rebelaram contra Serra e os tucanos, que eles consideraram responsáveis pela ação da Polícia Federal. Outros dois caciques, Antonio Carlos Magalhães e Ciro Gomes, também ficaram com um pé atrás com relação ao PSDB e isso influiu definitivamente para que Lula conseguisse alianças improváveis, que se revelaram decisivas.

Não se pode afirmar que Roseana seria eleita não fosse o escândalo Lunus. Afinal, o Maranhão era o Estado com os piores indicadores sociais, e isso depois de uma longa hegemonia dos Sarney. Havia ainda outras denúncias de corrupção que pairavam sobre Roseana e seu marido. Tudo isso seria usado contra ela no momento propício. Entretanto, sua candidatura serviu para despertar a discussão sobre o papel da mulher na política brasileira.

A recente escolha de Cristina Kirchner para presidir a machista Argentina talvez só confirme uma tendência que existe há uma década e que já poderia ter colocado uma mulher no comando de um gigante sul-americano. Não fossem as denúncias de corrupção, arrisco-me a dizer que Roseana teria sido eleita presidente do Brasil. E talvez fizesse uma administração melhor do que a dos homens que aí estão.

De um modo geral, mulheres são mais práticas do que homens. Administram melhor, pois se dedicam menos a assembleismos, bastidores, e são mais pragmáticas. Pesquisas demonstram que também se envolvem menos em corrupção. Estou certa de que o exemplo da Argentina refletirá no Brasil e espero que logo tenhamos a experiência de uma mulher concorrendo à presidência, chegando ao segundo turno. A política nacional precisa de uma mexida desse tipo.

Para isso, a mulher brasileira tem de perder a ojeriza que sente pela política. A lei 9504, de 30 de setembro de 1996, estabelece que os partidos devem reservar 30% de vagas para candidatas mulheres, mas o nível de preenchimento não chega a 10%. O número de parlamentares do sexo feminino, entre Câmara e Senado, é de 39, ou apenas 6,57% do total.

É sabido que a mulher precisa superar muitos obstáculos para fazer uma carreira na política. Ela geralmente divide seu tempo com a família e isso a impede de se dedicar aos contatos com as bases, aos comícios, às viagens. Para complicar, é mais difícil para ela conseguir patrocínio para a campanha. Homem costuma patrocinar homem.

Roseana foi uma exceção. Teve um substancial apoio masculino, conquistou a simpatia da sociedade, mas tudo se perdeu com as evidências de corrupção. Mesmo no Maranhão, onde era uma deusa, o reflexo negativo do caso Lunus se fez sentir quando ela tentou seu terceiro mandato como governadora. Apesar de sair bem à frente nas pesquisas, terminou derrotada por Jackson Lago, um pedetista de 72 anos, que usou como slogan "trabalho com honestidade", alfinetando os Sarney.

De qualquer forma, Roseana já tinha se garantido com uma vaga no Senado, que ela conquistou em 2005, com 1.314.524 votos. Ainda hoje é uma das mulheres mais atuantes da política brasileira, mas deixou de ser a bola da vez como representante do sexo feminino em uma nova eleição presidencial.

Mulher

A senadora Heloísa Helena é olhada como uma agreste flor de esperança em meio à aridez de idéias e ideais que se tornou a política nacional. Sua postura de mulher guerreira e de cidadã focada nos problemas do povo conferem-lhe uma imagem combativa, porém radical para o eleitorado brasileiro, que resiste a essa mudança brusca.

Heloísa, alagoana de 45 anos, formou-se como enfermeira e professora no Centro de Saúde da Universidade Federal de Alagoas, com especialização em Epidemiologia. Uma crônica insatisfação com a realidade social a levou ao movimento estudantil, e depois ao sindicalismo. Em 1992 tornou-se vice-prefeita de Maceió pela coligação PSB/PT que elegeu Ronaldo Lessa. Dois anos depois, com votação expressiva, foi eleita deputada estadual por Alagoas. Atuou decisivamente em conflitos que envolviam anseios populares, manteve estreita ligação com os movimentos dos sem-terra, sem-teto, sindicais e indigenistas.

Essa postura tornou-a, em outubro de 1998, a primeira senadora eleita por Alagoas, com um total de 374.931 votos, 127.579 a mais do que seu principal opositor. No Senado, revelou-se uma ferrenha adversária da política neoliberal do presidente Fernando Henrique Cardoso, que, segundo ela, "produziu o mais amplo processo de exclusão social já visto no Brasil, levando desespero a milhares de trabalhadores brasileiros".

Colocou-se na oposição do governo Lula entendeu que este, para governar, teria abandonado a ideologia socialista que dizia ter. Crítica contumaz da política neoliberal do PT Ligth, Heloísa foi expulsa do partido em 14 de dezembro de 2003.

"Não vou ficar chorando abraçada à bandeira do partido a que eu dediquei os melhores anos da minha vida para construir e que hoje comodamente me expulsa", disse ela, e seis meses depois, em 6 de junho de 2004, fundou o PSOL, Partido Socialismo e Liberdade, do qual é a líder.

Desde então, o PSOL tem recebido adesões de petistas desiludidos com os rumos do partido. Uma das mais importantes foi a do intelectual Plínio de Arruda Sampaio, um dos fundadores do PT, que não vê diferença entre a política econômica de Lula e de Fernando Henrique Cardoso, seu antecessor.

Se quiser mesmo alcançar o máximo que o programa de carreiras da política pode levar, Heloísa Helena terá de fazer alguns retoques na sua maneira de agir e pensar. O Brasil também é, mas não se resume apenas à pobreza do Nordeste. Em uma época paradoxal, em que o maior fenômeno do capitalismo é a China Comunista e em que países alijados da luta pelo mercado global, como Albânia e Cuba, imploram por convites para entrar na festa, não é aconselhável iniciar um discurso citando o "camarada Trotsky", anacrônico profeta de um sonho secular.

Assim como seria inominável governar só para os ricos, também não se pode enxergar apenas para os pobres. O melhor governo é como juiz de futebol: aparece pouco. Permite que a sociedade flua naturalmente, como um rio em busca do mar. Interrompê-lo com diques e canais de irrigação só vai tolher seu curso, interferir na natureza das coisas. Um país que inibe seus empreendedores padece pela estagnação e falta de empregos. A prosperidade individual, obviamente honesta, deve ser estimulada, e não estigmatizada ideologicamente como um dos pecados da burguesia.

Insistir no tema batido da luta de classes, traçar um programa de governo centrado em uma ideologia radical que já fracassou em tantos outros países mais bem estruturados, é tentar a volta forçada a um passado que nunca existiu. O futuro político de Heloísa Helena dependerá basicamente de sua humildade.

A resignação para aceitar mudanças é um dos maiores desafios do político vitorioso, muitas vezes tocado pela arrogância que acompanha as vitórias improváveis, pela falsa sensação de que vencerá a tudo e a todos sem precisar ceder um centímetro em suas palavras e atitudes. Espero que Heloísa Helena não caia nessa armadilha. Ela já deve, ou deveria ter descoberto, porque teve apenas 6% dos votos na eleição presidencial.

Porém, não é Heloísa Helena, e sim a ministra da Casa Civil, Dilma Roussef, que deverá ser a representante feminina apoiada pela máquina estatal nas próximas eleições para presidente da República. Dilma é a provável candidata do presidente Lula no pleito de 2010. Sua popularidade está sendo testada por meio de pesquisa encomendada pelo Governo.

Economista com mestrado em teoria econômica e doutorado em economia monetária e financeira, e ao mesmo tempo ex-militante de organizações de esquerda (esteve presa entre 1970 e 73), essa mineira de 60 anos tem a credibilidade e o background que às vezes falta aos representantes do PT e um perfil que pode agradar a gregos e troianos.

Ação

Não gosto de dar passos precipitados, mas também detesto ficar em cima do muro. Após dez meses como freelancer, tinha acumulado experiência e capital suficientes para montar uma produtora de vídeo e havia uma amiga, publicitária, interessada em ser minha sócia. Era um desafio de dimensão razoável, mas não vi como pudesse dar errado. Além do mais, as lojas já tinham me dado uma boa experiência como empresária.

Fui a primeira a lançar lojas de ponta de estoque de roupas de grife em Brasília. Estavam indo muito bem, mas tive de vendê-las, pois me separei do primeiro marido e elas fizeram parte da divisão. Conheci minha sócia em 1997 e um ano e meio depois montamos a produtora. Já imaginava que o início exigiria trabalho duro.

Antes, como eu costumava dizer, era eu e eu. Tinha uma salinha alugada, apenas para constar um endereço, mas o trabalho dependia só de mim. Era contratada, ia fazer o trabalho de apresentação, ou reportagem, e voltava. Não precisava me preocupar com mais nada. Com a produtora, entramos no dilema de todo pequeno empresário brasileiro, que eu definia como o do cachorro correndo atrás do rabo.

Você quer e precisa faturar mais, mas para isso precisa crescer, e para crescer precisa aumentar a estrutura; ao aumentar a estrutura você aumenta a despesa, e ao aumentar a despesa é preciso faturar mais. Tudo se resume ao fato de que não se consegue ganhar sem gastar, o que o obriga a um ritmo alucinante de trabalho.

Então, minha rotina mudou totalmente. Passei a trabalhar de 12 a 14 horas por dia. Levava a Luíza para a escola, ia para a academia de ginástica e chegava à produtora às 9 horas. Parece um horário tranqüilo para começar o trabalho, só que eu não voltava para casa para almoçar e entrava pela noite. Na produtora, não podia me dar ao luxo de ser apenas a dona. Fazia atendimento, prospectava clientes, visitava agências de publicidade, desenvolvia projetos, fazia roteiros, fiz curso de contabilidade para cuidar do administrativo-financeiro...

Tanto, ou mais do que no jornalismo, era preciso estar antenada com tudo o que acontecia na cidade: que produtos estavam sendo lançados? Que agências de São Paulo ou Rio estavam chegando a Brasília? Ganhar a conta para fazer um comercial era ótimo, mas produzi-lo tornava-se tarefa complicadíssima. De três funcionários fixos, chegamos a contratar dez freelancers para um trabalho. Às vezes, com um orçamento enxuto, o diretor de criação abusava da criatividade, como se pudesse transformar um Fusca em uma Ferrari – o que dava muito trabalho, estourava os custos e no final continuava sendo um Fusca.

Tínhamos um ideal, que depois se revelou uma ilusão, de que poderíamos viver apenas da iniciativa privada. A princípio, não queríamos nada com o governo, estadual ou federal. Sabíamos que eram os tipos de conta difíceis de executar e pior para receber. Conseguimos sobreviver durante um tempo fazendo filmes para shoppings, telefonia, supermercados, concessionárias de veículos, alguns médios e pequenos anunciantes, mas depois de um ano e meio observamos que aquilo não era suficiente para manter uma estrutura cara como a nossa.

Depois de um início modesto, na Asa Norte, mudamos para um escritório no Lago Sul e por fim estávamos em um escritório de 300 metros quadrados, em um andar inteiro na Rua da Radiobrás, na 714 Norte. Tivemos de contratar funcionários, adquirir equipamentos, montamos um estúdio de som com várias ilhas, mas os negócios não prosperavam na mesma proporção.

Com tanto trabalho, nossas férias ficaram reduzidas a dez dias no meio do ano e uma semana no final. Era como nadar contra a corrente. Por mais que trabalhássemos, não conseguíamos perceber uma prosperidade equivalente. O que será que estávamos fazendo de errado?

Para entender o que estava acontecendo, resolvemos contratar um consultor. Ele ouviu nossa história com atenção, olhou bem para a gente e disse: "O diferencial de vocês não é esse equipamento importado, esse estúdio com tantos canais, esse escritório elegante, nada disso. O diferencial de vocês são vocês mesmas: duas mulheres lindas, uma loira e uma morena, uma que ficou dez anos na Globo, outra que é casada com um dos maiores publicitários daqui, que chamam a atenção aonde chegam. Vocês têm é de ir mais para a rua, para serem vistas e poderem fazer os contatos".

Percebemos que era mesmo absurdo passarmos o dia presas na produtora, mandando portfólio, marcando visitas. Era normal, para mim, almoçar na mesa de trabalho. Não comparecia aos compromissos familiares, não encontrava mais as amigas e, o pior, não ia aos eventos de negócios. Foi só começarmos a sair para almoços e jantares freqüentados por publicitários e percebemos que as coisas começaram a mudar.

Descobri, então, que em Brasília só a força de trabalho não resolve. Seu negócio só prospera se você tiver boas relações. Não precisam ser de amizade, que sejam só de negócios, mas que sejam boas, pois se relacionar bem em Brasília é tão vital como o ar que se respira. Então, como fazíamos bons filmes e um cliente indicava nossos serviços para outro, a situação começou a melhorar.

Sair da toca, dar a cara para bater, foi importante para acelerar os contatos, mas ainda não resolveu um problema crônico da produtora: a falta de um número razoável de bons clientes entre a iniciativa privada. Brasília não pode ter indústrias poluidoras, o que quer dizer que não pode ter grandes indústrias, que acabam optando por Goiás. Precisávamos ir para um outro mercado e pensamos no governo estadual.

Para fazer essa transição não seria imprescindível um grande espaço físico, ou um portfólio de qualidade. As indicações, as boas relações que fizemos nos nossos tempos de jornalista e publicitária, agora viriam ao nosso socorro. Assim, a partir do momento em que saímos do âmbito da iniciativa privada e passamos para o governo estadual, finalmente começamos a crescer.

Os filmes se sucediam e alguns chegavam a nos emocionar, como aquele para o Ministério dos Transportes que mostrava a corredora Adria Santos em ação – uma deficiente visual que é uma das atletas mais rápidas do mundo, um exemplo tocante de perseverança. O filme, superpremiado, foi feito para a agência Link, de Salvador. Desenvolvemos o projeto da Videoteca da Anatel, que contava a história das comunicações no Brasil; um filme da Eletronorte...

Nossa superprodução foi a novela *Lições de Casa*, produzida para o Fundo de Amparo ao Trabalhador, em parceria com a Força Sindical, de São Paulo. Eram lições para qualificar a empregada doméstica, ensinando-a como lavar e conservar a roupa, limpar, cozinhar, lidar com animais domésticos, atender ao telefone, questões de segurança e, por fim, seus direitos como trabalhadora.

O projeto era tão grandioso, que nós já tínhamos 18 funcionários fixos, mas tivemos de contratar mais 60 pessoas, entre elas muitos atores e atrizes, como Marcelo Pick, Geórgia Gomide, Analu Silveira. Nosso set de filmagem parecia o de uma novela. Produzido durante três meses ininterruptos, em turnos diurnos e noturnos, esse material foi utilizado pela Força Sindical em salas de aula de todo o País, como apoio didático para a qualificação profissional da empregada doméstica. Depois os vídeos foram vendidos na rede de supermercados Pão de Açúcar.

Como

Uma produtora que nasceu inspirada em campanhas políticas obviamente se propunha a trabalhar na área. Assim, fizemos o programa nacional para o PTB, com o José Antonio Martinez, e fomos convidadas para fazer a campanha de um doutor que queria ser prefeito de Maringá. Essa campanha, sem recursos, me ensinaria mais sobre marketing político do que uma pós-graduação no assunto.

O doutor Batista era aquele médico das antigas, que atendia muita gente de graça e por isso gozava de grande simpatia na cidade. Porém, como candidato, o doutor Batista era um horror. Feio, baixinho, careca, ele não sabia falar no vídeo e era pior ainda no palanque.

Fazíamos de tudo para melhorar sua performance. Antes de iniciar a gravação ficávamos conversando com ele, para deixá-lo natural, mas era só ligar a câmera e não saía nada. No comício o doutor Batista também não funcionava. Se fosse para sair apertando as mãos dos eleitores, tudo bem, mas se tivesse que fazer algum discurso, era uma tristeza: sem emoção, sem entusiasmo. Como acreditar em propostas que o próprio candidato parecia não defender com convicção?

O engraçado é que ele era um ser humano fantástico, bom cidadão, prestativo, supercomprometido com a comunidade, mas não tinha carisma nenhum, e no vídeo carisma é essencial. Se ao menos tivesse um histórico como político, nossa tarefa seria menos árdua, mas era sua primeira candidatura.

Quem não é carismático, mas tem um trabalho de base maravilhoso, ainda pode se garantir em uma eleição no que a gente chama de corpo-a-corpo, olho no olho com o eleitor. Mas o doutor Batista, mesmo tendo morado a vida toda em Maringá, era visto como um médico, não como um líder.

Ele achava que tinha um trunfo por ter sido médico do Ratinho, na época fazendo grande sucesso como apresentador do SBT, mas isso não adiantou muito. De qualquer forma, montamos o núcleo de comunicação e começamos o trabalho. A princípio era para eu ser apenas a apresentadora, mas comecei a fazer também o roteiro, auxiliada por um jornalista de lá chamado Trevisan.

Ao final do primeiro turno, percebemos que alguma coisa não ia bem. O dinheiro estava acabando e nós não estávamos recebendo como o combinado. Infelizmente, isso é comum em campanha política. Se o candidato estiver "bombando" nas pesquisas, não há problema de pagamento, mas com a eleição indefinida, o dinheiro também se torna uma incógnita. E se o político perde, quem trabalhou na campanha demora muito para receber, ou não recebe, mesmo que haja contrato.

Eu e minha sócia fomos preocupadas para a reunião com os empresários financiadores da campanha. Era gente da agricultura, que não estava acostumada a lidar com o mercado publicitário. Primeiro, eles propuseram uma espécie de parceria: que esperássemos o final do primeiro turno para ver como ficaria o segundo. Mas nós tínhamos contratado muita gente, e essas pessoas não aceitariam essa história de esperar o segundo turno.

A reunião foi ficando cada vez mais estressante. Em um determinado momento o maior financiador falou: "Bom, e se a gente não pagar?". Aí eu olhei bem para a cara dele e disse: "Bem, se o senhor não pagar, eu sinto muito, mas também não vou trabalhar mais e também não vou entregar as fitas que estão prontas". Além disso, nosso contratante tinha outro problema: não pagar a equipe significaria um escândalo. Técnicos, câmeras, operadores de áudio, assistentes não costumam deixar barato um "cano". Saem contando e até divulgando imagens de todas as mazelas que viram nos bastidores, mostrando quem bebe, quem usa alguma droga ilícita, quem trai a mulher, quem recebe pelo caixa dois e outros pecados.

Eles acabaram pagando, mas passamos por maus bocados em Maringá. Recebemos muita ameaça por cartas e telefonemas; e chegaram a avisar que havia uma bomba em nosso escritório. No fim, fizemos o doutor Batista ganhar o primeiro turno, mas não deu para vencer as eleições. Recebemos tudo, mas só entregávamos a fita gravada depois de cada pagamento.

Contratar um serviço e não pagar por ele é, certamente, uma das relações mais desrespeitosas do mundo empresarial. Eu me livrei de passar por essa decepção em Maringá, mas aprendi, miseravelmente, que você nunca está livre de levar um calote de empresas do governo.

Você faz o serviço, emite a nota fiscal, paga o imposto sobre ela e a empresa fica lhe devendo. Nessa hora, é mais fácil receber da empresa privada, que é menos burocrática. A do governo não lhe paga e quando você a aciona na Justiça, recebe precatório.

Inércia

Nada como sentir uma situação na pele para compreender toda a sua dimensão. A produtora me confirmou o heroísmo que é ser um empresário no Brasil. Os maiores obstáculos são a burocratização, que faz você perder três meses esperando a junta comercial abrir sua empresa, e o milagre da multiplicação de impostos, que transforma um salário de dois mil em quatro mil reais. E não é inteligente, pois a burocracia e os impostos absurdos aumentam o mercado informal, que não paga impostos.

Ouço muita gente falar em prol da desburocratização. Todo político que conheço já discursou a favor da redução e simplificação dos documentos. Daí a criar uma lei, facilitar a vida do cidadão, é outra história, mas que todos concordam com a necessidade de desburocratizar, isso concordam.

O que eles não concordam é com a redução dos impostos, pois estes são essenciais para a manutenção da máquina. É preciso arrecadar para manter a política assistencialista. Então, o governo que assumiu dizendo que tornaria a vida do pobre menos onerosa se agarra a toda possibilidade de arrecadação.

Instituída para solucionar um momento crítico da saúde, a CPMF tornou-se permanente e é utilizada para todos os fins, principalmente para o assistencialismo, usado como uma muleta do governo para seduzir os miseráveis.

A política assistencialista inegavelmente tem um efeito imediato positivo, pois ajuda a matar a fome da população mais carente. Mas em longo prazo é maléfica, porque cria uma sociedade de dependentes, de pessoas que perdem a iniciativa e a capacidade de pensar e só querem que o governo seja mantido para que continue lhes distribuindo víveres e dinheiro.

Forma maquiavélica de manter o povo pobre e ignorante atrelado a uma situação política que ele nem entende, a política assistencialista é uma maneira do governo se manter no poder comprando o voto dos menos favorecidos. Daqui a 20 anos vamos perceber o quanto foi ruim para o Brasil esses oito anos de assistencialismo.

Ninguém pode ser contra o auxílio nos casos sociais mais agudos, mas um governo não pode viver só disso. É preciso criar empregos, educar, dar saúde, pois do contrário o cidadão nunca vai saber votar melhor, nunca saberá cobrar quem ele elege.

A falta de cobrança torna a vida do político brasileiro um mar de rosas. O eleitor lhe dá um cheque em branco com o seu voto e nunca mais lhe cobra. As pessoas reclamam da impunidade dos homens públicos, mas preferem lavar as mãos.

Em Brasília, a imagem que os parlamentares têm dos eleitores do resto do País é de que são muito pacíficos. Já ouvi de um deputado federal que os eleitores "não cobram nada, não reclamam de nada, deixam a coisa correr solta mesmo". No dia em que os eleitores passarem a cobrar, dos políticos que elegem, o cumprimento de seus programas, estaremos dando os primeiros e titubeantes passos rumo a uma verdadeira democracia.

Na verdade, por geralmente votar sem analisar atentamente o histórico dos candidatos, o brasileiro já começa mal ao exercer o seu papel no chamado processo democrático. Depois, mesmo que consiga se lembrar em quem votou, o que é raro, não acompanha a atuação do político durante o mandato, principalmente se este for do legislativo.

Diante do automatismo da maioria dos votos, talvez seja o caso de se avaliar a obrigatoriedade de votar. Se o voto não é consciente, se as pessoas não se dão ao trabalho de encher a caixa postal dos homens públicos que cometem deslizes, se não se dispõem a lutar pelo interesse coletivo, então que espécie de democracia é essa?

O brasileiro parece motivado pelo escândalo, pois só a crise consegue tirá-lo do estado de torpor cívico. Não se pode atribuir esse imobilismo ao "achatamento" da classe média ou aos anos de intervenção militar no processo político ou ao processo de assistencialismo e clientelismo que sofrem as classes mais baixas. A classe média brasileira existe, sim. Tem voz. Pode se expressar. Então qual é o problema?

Temos alguns indícios. Uma pesquisa recente indicou que uma característica do brasileiro é não reclamar. Não reclama daquele que fura fila, que dá um jeitinho. A explicação? Os brasileiros ficam "envergonhados", acham que estão "incomodando", que podem se ver em uma situação igual em outra oportunidade.

A vida moderna, em um País que está caminhando para um período de pujança econômica, é totalmente antagônica à prática de manifestações públicas populares, nas ruas. As pessoas "não têm tempo" de protestar.

O marketing político consagrou os "produtos", a "imagem", em detrimento do conteúdo. Testemunhamos o desaparecimento dos círculos de debate, dos comícios, e a prevalência dos "showmícios".

Os sindicatos, as associações e os movimentos populares estão muito ligados às questões salariais e deixaram de lado as discussões políticas. Os tribunais estão abarrotados de processos de natureza econômica (planos, reajustes, correções, aposentadorias) e as questões constitucionais não são apreciadas pelo Supremo Tribunal Federal como deveriam, de forma macro, pensando o ordenamento sociopolítico do Brasil. Todos esses fatores, aliados ao descaso das elites com a prática política, geraram a apatia em que vivemos. Ela só é superada quando os políticos exageram na dose. Só aí a reação aparece.

Os últimos acontecimentos políticos geraram uma nova espécie de protesto: os e-mails para os parlamentares. Durante as últimas CPIs e Processos nos Conselhos de Ética Parlamentar, a caixa postal eletrônica do Senado ficou tão carregada de mensagens dos eleitores, que o sistema saiu do ar. Isso indica que a classe média está atenta, está se mobilizando.

A Internet se tornou uma ferramenta prática para aqueles que não vão às ruas. As passeatas agora são virtuais. O que é uma enxurrada de milhares de cartas para os parlamentares, protestando contra os abusos, que não uma verdadeira passeata eletrônica? O eleitor começa a ter consciência de seu poder. Os protestos pela internet têm surtido efeito. Os políticos estão reagindo aos blogs e e-mails. Há milhões de olhos eletrônicos sobre o Parlamento.

Finalmente, se o eleitor tivesse consciência de seu poder e soubesse utilizá-lo, o Parlamento e o Brasil seriam outros. A fiscalização popular ajudaria a inibir a roubalheira, dificultaria o aumento de gastos desnecessários e obrigaria o governo a colocar o dinheiro no lugar certo, que é a saúde, a educação, a infra-estrutura e a criação de empregos.

Privilégio

Nas antigas cortes, os nobres não precisavam trabalhar. Viviam dos impostos pagos pelo povo que eles controlavam. Podiam gastar o tempo em lautos jantares, grandes festas, viajando, namorando ou conversando muito, quando arquitetavam maneiras de viver ainda com mais conforto e privilégios. Para eles havia leis especiais. E na velhice, mesmo depois de uma vida de indolência e fastio, jamais eram abandonados pelo Estado, que os sustentava eternamente. No Brasil, há duas classes que oneram eternamente os cofres públicos: o presidiário e o político.

Trabalhar apenas oito anos, receber salários infinitamente maiores do que a média do povo brasileiro, e ainda se aposentar com rendimento integral. Contar com uma infra-estrutura fantástica, que inclui verba de gabinete, carro com motorista, auxílio-moradia, passagens aéreas para o estado de origem e para o Rio de Janeiro, verba indenizatória etc. Que maravilha! Por benesses assim é que a política brasileira é um verdadeiro maná, que a cada eleição atrai desde pessoas com vocação para o trabalho em prol da sociedade até aquelas que, apesar do discurso planejado, querem mesmo é provar das delícias da Corte.

Pressinto uma tendência de que, desiludido com os outros, o brasileiro decida, ele mesmo, resolver as coisas. Afinal, ingressar na carreira política é um direito de todos. Quem já foi síndico de prédio, diretor ou conselheiro de clube, já deve ter analisado a possibilidade. Creio que posso falar um pouco sobre isso.

Construir a imagem de um político bem-sucedido não é receita de bolo, na qual se coloca uma pitadinha disso, outra daquilo e espera-se o momento certo para derramar a cobertura e dar o toque final. Há muitas variáveis no processo. A história eleitoral brasileira mostra que competência ajuda, mas não é fator determinante para se eleger alguém. Carisma também conta a favor, mas se o candidato não tiver recursos para conseguir um nível mínimo de exposição na mídia e um bom trabalho de base, pode ser engolido por outros que mais se parecem com bonecos de cera.

Depois que, nas eleições presidenciais de 1989, o meteórico Fernando Collor de Mello surgiu da pequena Alagoas para, em cinco meses, atropelar Lula com seu extenso e respeitado passado de líder sindical, ficou em muita gente a certeza de que políticos passariam a ser feitos na ilha de edição.

É oportuno lembrar que, após uma vitória esmagadora no primeiro turno, no qual recebeu quase nove milhões de votos a mais do que Lula, Collor foi para o segundo turno apenas com um tímido apoio de Paulo Maluf e Afif Domingos, contra a tropa de elite que apoiou o candidato do PT, formada por Leonel Brizola, Mário Covas, Ulysses Guimarães e Roberto Freire.

Porém, Collor tinha o apoio mais importante que poderia querer naquelas circunstâncias: a mídia, que via com simpatia – e alívio – o surgimento daquele jovem bonito, elegante, atlético e destemido, que começou sua polêmica carreira pública tentando cortar as asas dos funcionários públicos privilegiados de sua terra, o que lhe valeu o poderoso slogan de "o caçador de marajás". Não conseguiu acabar com eles, mas ganhou tal notoriedade que passou a ser a opção mais viável para a ala conservadora da sociedade, que temia a ascensão de Lula e suas bravatas socialistas.

Em um debate final cirurgicamente editado pelo jornalismo da Rede Globo, Collor parecia intimidar Lula, que abaixava a cabeça, temeroso, a cada rompante de eloqüência do político alagoano. E as pesquisas, que antes do programa apontavam para a vitória do petista, mudaram de rumo logo que subiram os caracteres.

Essa constatação irrefutável do poder da imagem nas campanhas políticas acabaria valorizando o trabalho das produtoras de vídeo em eleições futuras, principalmente aquelas como a nossa, com know-how na área. Assim, além da experiência prática que já tinha, procurei aprender mais sobre marketing político, lendo livros, assistindo a palestras, conversando com especialistas no assunto e aplicando a teoria no dia-a-dia, no treinamento de futuros candidatos. Um laboratório maravilhoso. Hoje, sem modéstia, acredito que possa transmitir os conhecimentos básicos e orientar uma pessoa interessada em ingressar na vida pública.

Digamos que você seja essa pessoa e esteja pensando em pleitear um cargo de vereador, ou de deputado estadual. Tudo bem. Analisemos então suas chances. Qual é sua profissão? Radialista. Ótimo. Funcionário do necrotério? Humm... Complicado, afinal o público com o qual você trabalha diariamente não será um multiplicador de opinião que possa lhe ajudar. Bem, não importa, o que interessa é saber quantas pessoas o conhecem, que imagem têm de você e que porcentagem elas representam do colégio eleitoral da cidade.

É evidente que nossa campanha será "mamão com açúcar", como definiria uma amiga, se você for uma espécie de Silvio Santos ou Hebe Camargo de sua região, desses que recebem milhares de e-mails perguntando por que não pensa em se candidatar a prefeito. Mas isso seria bom demais para ser verdade. Então, o jeito é voltar à Terra e tentar descobrir quem é o seu eleitor, como ele pensa, onde se concentra, quais são suas carências gerais e particulares e como tem reagido nas últimas eleições.

Por meio das pesquisas, ficou bem mais fácil conhecer seu provável eleitor, até que ponto ele o aceita, ou rejeita. A rejeição é um fator determinante, porque quem diz em uma enquete de rua que não votaria em você, está com a opinião definida, não vai passar a achá-lo simpático ou confiável de repente. É o voto perdido. Mas quem diz que poderá votar em você, na verdade apenas o admira, mas poderá mudar de opinião ao longo da campanha.

Antes de continuar, permita-me explicar essa história de carências. As gerais são educação, saúde, moradia, saneamento, essas macrocarências que fazem parte dos discursos de candidatos à presidência ou aos governos estaduais. Mas um vereador tem de ter um foco mais específico. Pequenas propostas, como a construção de um parque infantil, ou a iluminação de algumas ruas, podem decidir a eleição em uma cidade pequena.

Ainda nessa etapa inicial, mesmo que você tenha um nome conhecido, é preciso saber se as pessoas o ligam à sua imagem. Se vamos trabalhar com horário eleitoral na tevê, essa é uma informação relevante, pois uma imagem conhecida e bem aceita não precisa ser burilada, mas nos outros casos haverá muito a ser feito.

Por economia, muito candidato quer pular a parte das pesquisas. Eles a comparam com a fase de se construir o alicerce das casas, em que o proprietário põe dinheiro, põe dinheiro, e não vê subir as paredes. Mas sem esse alicerce, também conhecido como pesquisa e planejamento, é melhor nem iniciar a campanha. A não ser que a popularidade do candidato atinja níveis inquestionáveis, ninguém apostará um tostão em uma candidatura que nasce às cegas.

Outra providência necessária é fazer uma comparação com seus concorrentes, descobrir como eles são vistos e em que região são mais fortes. Não adianta, por exemplo, concentrar o trabalho nos bairros que somam o maior colégio eleitoral, se eles já são cativos de líderes comunitários que também são candidatos, ou apóiam outros.

A partir do momento em que se decidir que a campanha vale a pena, prepare-se para gastar sola de sapato e saliva em um exaustivo corpo-a-corpo. Esqueça o glamour de filmes arrebatadores, com crianças se atirando nos seus braços em câmera lenta e música de fundo cantada por vozes conhecidas da MPB. Isso é para prefeitos de grandes cidades, governadores, senadores, presidentes. Você vai apertar a mão de cada eleitor, olhar nos seus olhos e cumprimentá-lo. Se ele confiar em você, pode ter certeza de que lhe dará o seu voto, mesmo que apareça outro oferecendo uma cesta básica.

Carisma

Um bom candidato precisa ser competente, honesto e ter um currículo respeitável. Mas se não tiver carisma, ficará na prateleira, nenhum marqueteiro conseguirá vendê-lo. Mesmo que fale bem, mesmo que seja um bom administrador e empreendedor, não irá a lugar nenhum sem esse danado de carisma. E o pior é que é o tipo de coisa que não se explica e nem se ensina. É algo que nasce com a pessoa.

Quem tem facilidade de se tornar querido, logo terá conseguido muitos aliados na comunidade. Uma senhora que tenha muitos amigos pode escrever seu nome no muro da casa dela e organizar reuniões com líderes da comunidade; um grupo de sindicalistas, ou de freqüentadores de determinada igreja, talvez distribuam seus santinhos. Enfim, o carisma pessoal do candidato facilita a obtenção do que chamamos "agentes multiplicadores".

Aqui dá para fazer uma pausa a fim de analisar esse comportamento descompromissado do eleitor brasileiro, que escolhe o candidato, não o partido, não o programa de governo. Eu mesma sempre dirigi meu voto para a pessoa, não para o grupo político ao qual ela pertencia. Será que isso explica a ausência de ideologia na política nacional, em que a troca de partidos não causa maiores turbulências, já que todos são bem parecidos?

Não é à toa que palanque também é palco. O bom orador é um artista que arrebata, entusiasma, arranca aplausos e certezas do povo, que segue com ele enquanto se sentir amparado. Assisti de perto essa paixão do eleitor, que se emociona, chora e abraça o político. O ex-governador Joaquim

Roriz é detentor desse carisma e do domínio do palanque. Muita gente no Distrito Federal o idolatra, pelo jeito simples de fazendeiro tipo paizão, que abraça o povo sem nojo ou distanciamento.

Em 1988, ano em que disputou as eleições para o governo do Distrito Federal, o adversário de Roriz era o ex-reitor Cristovam Buarque, hoje senador pelo Distrito Federal, um homem com excelente oratória e invejável domínio da linguagem. Dias antes do pleito, no segundo turno, Cristovam e Roriz se enfrentaram em um debate na TV. O professor em diversos momentos deixou clara a diferença entre ambos, chegando a dizer que Roriz não sabia falar direito e não tinha uma educação formal, intimidando Roriz, que se atrapalhou, trocou palavras, enfim, sentiu-se bastante desconfortável, a ponto de ficar com as mãos trêmulas.

No dia das eleições, às seis da tarde, ouvi na rádio CBN que a assessoria de Cristovam Buarque informava que às 7 horas o novo governador do estado faria um pronunciamento. O resultado confirmava a pesquisa de boca de urna feita pelo Ibope. Porém, meia hora depois, em uma reviravolta espetacular e, confesso, emocionante, o quadro mudou e, às 7 horas Roriz é que foi declarado governador, em um resultado polêmico e surpreendente. Como eu havia trabalhado em sua campanha, liguei para os companheiros de equipe e para as filhas do governador, parabenizando-os, e as meninas me convidaram para a comemoração, na casa do pai.

Tive de parar o carro bem distante da casa de Roriz, pois a rua estava tomada por uma multidão. As pessoas corriam pelas ruas e gritavam que o homem do povo, simples como eles, estava eleito. Foi de arrepiar. Veio gente de todas as satélites, dos assentamentos, todos muito emocionados. As portas da mansão estavam abertas e as pessoas entravam e saíam, se aglomeravam nos jardins, em volta da piscina. O clima era de grande euforia. Aquela gente tinha ficado revoltada com a maneira como Roriz fora humilhado no debate, pois o via como um deles, e se sentia de alma lavada com a vitória.

Essa associação entre o político e o artista é tão acentuada no imaginário popular, que volta e meia damos de cara com gente que sai do show business para um cargo importante na vida pública – casos recentes dos deputados federais Clodovil Hernandes e Frank Aguiar (ambos fizeram escola, pois nas próximas eleições vários cantores e apresentadores de tevê já afirmaram que serão candidatos).

Para quem não é famoso, outra forma de sucesso instantâneo, porém bem mais onerosa, consiste em investir muito dinheiro na campanha e mantê-la por tempo suficiente para que todos conheçam o candidato. O poder econômico pode ser o diferencial em uma campanha, sim. Afinal, tudo tem seu preço: a gasolina para o carro de som, o santinho, a alimentação do cabo eleitoral, a conta de telefone, o aluguel do escritório do candidato, os funcionários contratados e os freelancers... Quanto maior a área geográfica a ser coberta, maior o investimento.

Uma maneira de evitar colocar a mão no bolso é contar com doações e com o trabalho voluntário de pessoas engajadas na campanha. Por exemplo: o dono do posto oferece a gasolina, a concessionária empresta um carro, alguns correligionários fazem reuniões em suas casas, a gráfica imprime os santinhos que um grupo de jovens distribui nos sinais de trânsito, o amigo empresário que tem uma firma com muitos funcionários coloca seu pessoal à disposição para ajudar no corpo-a-corpo... Essa participação popular geralmente dá bons resultados, porque demonstra uma grande sintonia entre o povo e o candidato.

O nível dessa identidade costuma ser equivalente ao tempo que o candidato dedica ao eleitor. Por isso, não adianta investir muito dinheiro em uma campanha curta, de três a quatro meses, e achar que a cadeira está no papo. O eleitor brasileiro pode ser passional, impulsivo, mas também não é burro. Ele prefere eleger quem se interessa por ele, quem está por perto.

O político que não perde o contato com suas bases, ou, melhor ainda, trata de aprimorar esse relacionamento mesmo derrotado nas urnas, tem grande possibilidade de um dia dar a volta por cima. O presidente Luiz Inácio Lula da Silva é o maior exemplo disso. Hoje ele é tido como um dos líderes mais carismáticos da história brasileira (chegou a atingir 53% de aprovação durante as últimas eleições que o elegeram para o segundo mandato), mas nem sempre foi assim.

O ex-governador de São Paulo, Paulo Salim Maluf, costumava chamar Lula de "competente", pois ele só competia, competia, e não ganhava nunca. De fato, Lula perdeu quatro eleições seguidas para cargos executivos: governador de São Paulo em 1982, e presidente em 1989, 1994 e 1998. Mas seu trabalho junto às bases do PT foi essencial para que continuasse sendo o candidato mais importante do partido.

Em 1990, depois de ter sido o deputado federal mais votado do País, quatro anos antes, Lula resolveu não se candidatar à reeleição. Preferiu iniciar um ciclo de viagens pelo Brasil, colaborando diretamente para a estruturação das seções regionais do PT. Essa atuação deu a ele uma posição inquestionável no partido, apesar das derrotas eleitorais.

Hoje, os índices de aceitação do presidente impressionam até seus adversários políticos. Os escândalos, como o do Mensalão, parecem não atingi-lo. "O homem é como massa de bolo, quanto mais batem, mais ele cresce", disse-me um parlamentar. Mas a definição que mais tenho ouvido de Lula, mesmo da boca de calejados cardeais do Parlamento, faria inveja a Kaká, Robinho e Ronaldinho Gaúcho: "Lula é um craque!", exclamam.

Quem tem uma relação mais próxima com ele fica impressionado com sua segurança de tocar as coisas no seu ritmo. Demorou mais de 100 dias para montar o ministério, não se afobou com a pressão da opinião pública e confiou plenamente que a política assistencialista conquistaria o povo. Sempre que pode ele recorda sua origem humilde, não deixa as pessoas esquecerem que, apesar de ser o homem mais poderoso do País, já foi o menino retirante que aos sete anos veio com a mãe e os irmãos, num pau-de-arara, para o litoral de São Paulo. Andava descalço, trabalhou como tintureiro, engraxate, auxiliar de escritório e aos 18 anos perdeu o dedo mínimo na prensa hidráulica da Metalúrgica Aliança, seu primeiro emprego como metalúrgico.

Qualidades à parte, a verdade é que a ascensão de Lula ao poder era previsível. Com o desgaste de Fernando Henrique Cardoso, que amargava profunda impopularidade ao final do seu segundo mandato, e com o crescimento do PT, era evidente que um candidato do Partido dos Trabalhadores tivesse grandes possibilidades de chegar ao Planalto.

Lula tinha um índice de rejeição maior do que outros petistas, como Eduardo Suplicy e Aloizio Mercadante; sua imagem, rude e descuidada, não era bem aceita pelas mulheres, e seu discurso, de um comunismo *démodé*, arrepiava os empresários. Foi preciso que o marqueteiro Duda Mendonça, que já tinha emprestado seu talento para todas as ideologias, aparasse o cabelo, a barba e as idéias radicais do perseverante candidato, que foi apresentado, digamos, como uma sofisticada rapadura diet.

A metamorfose não parou por aí. O ex-pau-de-arara ganhou um banho de loja e de boas maneiras, permitindo-se no máximo a sorrisos irônicos quando confrontado nos debates. E como, depois de quatro derrotas, aquela eleição contra o candidato tucano José Serra era tida como uma questão de tudo ou nada, no segundo turno Lula aceitou apoios de todas as correntes e de todos os caracteres, até mesmo daqueles contra os quais sempre se bateu: José Sarney, Itamar Franco, Orestes Quércia, Anthony Garotinho, Ciro Gomes, Miguel Arraes, em um total de 13 partidos.

Ao assumir o governo, Lula não quis arriscar e manteve a política econômica que, no governo anterior, finalmente havia estancado a inflação. Adotou a política assistencialista, que sempre rende grandes dividendos eleitorais em países com grande porcentagem de miseráveis e, convencido da genialidade de José Dirceu, seu braço-direito e presidente do partido, permitiu que este elaborasse um plano para manter o PT por 20 anos no poder.

Dirceu teve carta branca para garantir o apoio de parlamentares indecisos, pagando-lhes para apoiarem os projetos do governo. O esquema, batizado de "Mensalão", foi denunciado pelo deputado federal Roberto Jefferson – ele próprio envolvido no esquema de propina do Orçamento e no escândalo dos Correios.

As afiadas acusações de Jefferson ceifaram as carreiras dos ex-ministros Luiz Gushiken e José Dirceu, e do ex-tesoureiro Delúbio Soares. Adversários poderosos chegaram a sugerir o impeachment de Lula, mas ele nem se abalou. Só mesmo uma ampla mobilização popular – como aconteceu na campanha das "Diretas Já" e no impeachment de Fernando Collor – poderia incomodar o presidente, mas o respaldo que têm das massas torna bastante improvável o impeachment ou qualquer outra ação radical contra ele.

Origem

O político que considera sua missão terminada ao ser eleito e pegar a chave do gabinete, não terá vida longa na carreira e ficará conhecido como "político de um mandato só". Já se foi o tempo em que se prometia tudo o que o eleitor queria ouvir, para depois lhe virar as costas. O mesmo novo conceito de cliente, no mundo empresarial, serve para a vida do homem público: eleitor é para sempre. Quem se esquece disso paga caro.

As últimas eleições para a Câmara, em 2006, mostraram que os políticos de idéias, aqueles que têm os chamados "votos de opinião", perderam terreno para os que dependem dos "votos de base". Como explicar que o cardeal Delfim Netto não tenha sido reeleito, enquanto implicados em graves denúncias acabaram "inocentados pelas urnas?".

Três dos cabeças do Mensalão – José Genoino, Antonio Palocci e João Paulo Cunha – voltaram à Câmara graças a um antigo e persistente trabalho junto a seus eleitores. Os três estiveram a ponto de perder seus direitos políticos por comandar um esquema que remunerava parlamentares que votassem a favor dos projetos do governo.

Por outro lado, também se deram mal alguns petistas de carteirinha que se afastaram das massas para curtir a despreocupada vida burguesa, e trocaram os acalorados encontros com metalúrgicos sujos de graxa por refrescantes eventos na alta sociedade, caso do ex-presidente da Cut, Jair Meneguelli. Depois que ganhou de presente o posto de presidente do Conselho Nacional do

Sesi, com direito a salário de 24 mil reais, gabinete em um dos prédios mais valorizados de Brasília e passeios pelas ruas da cidade no banco de trás de um Omega australiano, digamos que uma certa frouxidão tomou conta do outrora aguerrido líder sindical – principalmente após conhecer uma bela moça da alta sociedade –, que deixou de figurar nas maçantes colunas dos boletins trabalhistas para aparecer em notinhas alegres nas páginas de *Caras*.

Isso posto, fica evidente que até mesmo o político que desembarca em Brasília a bordo de milhões de votos, projeção nacional e carisma de líder, não pode, jamais, abandonar suas bases. Dali a quatro anos ele não será reeleito pela mídia. É o seu eleitor quem precisará continuar se identificando e acreditando nele. Por isso, o senador e o deputado federal devem continuar atentos aos anseios de seus eleitores e manter uma relação próxima com os prefeitos e vereadores de seu Estado, pois eles é que funcionarão como multiplicadores de seu nome e sua imagem.

Se as novas obrigações o impedirem de continuar visitando suas bases, o parlamentar precisará contar com uma equipe de assessores para desempenhar esse papel, além de manter as portas do gabinete sempre abertas para receber prefeitos, empresários de seu estado e os antigos companheiros. A equipe do parlamentar, por sua vez, deverá fazer contatos com presidentes de associações, líderes comunitários e, por meio deles, tratar de assegurar a fidelização do eleitorado.

Entretanto, ao mesmo tempo em que não pode se desligar de suas origens, o bom parlamentar não deve exagerar nesse apego ao passado. Na hora de formar seu gabinete, não dá para usar toda a verba para contratar velhos e fiéis correligionários. A gratidão vai até o ponto em que começa a necessidade de competência. Sem profissionais tarimbados na vida parlamentar, sem os serviços dos técnicos a serviço da Câmara e do Senado, o visitante vai se sentir um peixe fora d'água e em pouco tempo seu desempenho será motivo de pilhéria entre os colegas e sua imagem, consolidada por anos de trabalho, ficará desmoralizada. Fora o olho comprido da imprensa, que aproveita qualquer gafe para transformar em notícia.

Esse ainda é um erro comum no político de primeira viagem. Geralmente fica tão agradecido pelo apoio dos que o ajudaram na eleição, que enche seu gabinete de amigos de infância, parentes, panfleteiros, todo tipo de gente que trabalhou na campanha. Em pouco tempo, o despreparo técnico, intelectual e ético dessas pessoas certamente o colocará em situações delicadas.

Essa é uma falha tão comum que nem o presidente Lula se livrou dela. Em Brasília costuma-se dizer que o seu governo é o da "companheirada". Logo na primeira distribuição de cargos, cometeu muitos equívocos, como a escolha de Benedita da Silva, ex-governadora petista do Rio de Janeiro, para ministra da Assistência e Promoção Social. Era sabido que Bendita não tinha grande capacidade de gerenciamento, e pouco pôde fazer em um ministério problemático e sem verbas. Acabou demitida.

A opção pela competência é uma das mais inteligentes que um político pode fazer na hora de montar sua equipe. Em muitos momentos ele vai precisar de um especialista ao seu lado. Tanto a Câmara como o Senado mantêm um corpo de técnicos muito bem preparados. A maior parte deles passou por concursos e conseguiu a vaga superando milhares de candidatos. Esses profissionais superqualificados conhecem tudo das leis e suas brechas, e podem ser a diferença entre o sucesso e o fracasso de um mandato.

Há momentos em que, sem a ajuda de especialistas, o parlamentar se vê completamente perdido. Isso acontece em todo final de ano, por exemplo, quando precisa apresentar suas emendas. Por meio delas é que ele consegue levar para o seu Estado verbas para a saúde, a educação, o saneamento básico... Enfim, essas emendas é que, ao final das contas, justificam o fato desse político estar em Brasília representando o seu povo.

Mas elaborar essa tal emenda não é algo tão simples. Ela exige padrões, deve passar pelos trâmites da casa e tem um prazo rígido para ser entregue. Se o parlamentar não a fizer como manda o figurino, suas ambulâncias, seus postos de saúde e suas escolas baterão asas, assim como, provavelmente, seu próximo mandato.

Outro profissional que não pode faltar em um gabinete que se preza é o assessor de imprensa. Mesmo quando os papas do jornalismo político o ignorarem, esse parlamentar previdente poderá contar com o talento, os esforços e contatos de seu jornalista particular – que será útil não só para conseguir espaço na mídia, como para tentar reduzir os prejuízos de notícias indesejáveis. Graças à sua eficiente assessoria de imprensa é que Antonio Carlos Magalhães pôde superar um escândalo e retornar ao trabalho.

Por força das necessidades, Brasília tem os melhores assessores de imprensa da área política. É só escolher. Não é aconselhável trazer, só porque é amigo, o jornalista do diário da cidadezinha do interior que é reduto do parlamentar. É preciso ter o traquejo, saber quem é quem, quem manda aonde, como as coisas funcionam.

Na Capital, o trabalho político é intenso. Os políticos têm três dias úteis – terça, quarta e quinta – para resolver tudo. Então, a visão de filas imensas nas portas dos gabinetes, muitos deles já atopetados de gente, é comum. São prefeitos, representantes de associações, velhos amigos, todos à espera de um encontro com seu digníssimo representante. Alguns se sentem tão próximos, que vão a Brasília mesmo sem marcar audiência. Ao menos são pacientes. Podem ficar dias inteiros à espera de alguns minutos de conversa.

O roteiro dessa febril visitação prossegue em cadeia. O deputado que recebe a visita de uma comissão de prefeitos de seu Estado, invariavelmente pedindo recursos, sairá com a trupe do seu gabinete em direção ao gabinete do chefe de seu partido, em uma multiplicação de filas que, como rios de súplicas e requisições, finalmente desembocará no estuário dos caciques.

O frenesi não se restringe ao local de trabalho. O verdadeiro político exerce o sacerdócio em tempo integral. Assim, casa de político, em Brasília, não tem dono. As portas ficam abertas e o entra-e-sai começa logo no café-da-manhã, que ele toma ao lado de seus assessores, enquanto grava entrevistas para rádios e tevês. Não se pode esquecer que muitos deles possuem veículos de comunicação em seus Estados, o que lhes garante exposição diária na mídia.

O almoço também é uma atividade de trabalho, usado para a discussão de novas pautas antes da volta ao gabinete, ou ao plenário. À noite, jantares que se prestam a contatos e deliberações. Jantares mesmo, pois em seu périplo o homem público costuma jantar mais de uma vez. Isso explica seus corpinhos em forma de pêra. Com tanto compromisso, é normal que durmam tarde. Porém, com algumas exceções, acordam cedo para o café-da-manhã...

A história tem provado que todo aquele que reza o catecismo direitinho e aproveita a intensa passagem por Brasília para fazer bons contatos e garantir livre trânsito entre os poderosos, dificilmente deixará de voltar, mesmo que não seja reeleito, ou que tenha de se afastar do cargo por ter o nome ligado a casos de corrupção.

Para esse homem público momentaneamente desempregado, há muitas vantagens em continuar freqüentando o gabinete de um manda-chuva: continuam sendo vistos ao lado de um cacique, o que é bom para não perder o status; ficam por perto esperando sua futura nomeação, pois também na política quem pede tem a preferência; não se afastam dos líderes do partido, pois, com exceção das poucas nomeações que fazem parte da cota pessoal do presidente, a liderança do partido determina quem ocupará os postos destinados a ele pelo governo.

Há inúmeros cargos passíveis de serem ocupados, em Brasília, por políticos sem mandato, desde a presidência ou a diretoria de empresas estatais, até a representação de um Estado – no fim das contas é um lobby, pois esse político buscará influir na liberação de verbas para sua base eleitoral e, ao voltar a ela, capitalizará suas conquistas em uma próxima eleição.

A paciência, mais do que virtude, é essencial para quem espera ser nomeado a um cargo importante. Conheci alguém que, três dias por semana, durante um ano, freqüentou o gabinete de um amigo à espera da sonhada nomeação. Um ex-senador, que freqüentou o gabinete do líder do partido, e cuidou para que a nomeação não ficasse na promessa, precisou de apenas seis meses para ganhar a presidência de uma estatal. Nesse tempo ele se portou como um exemplar amigo, conselheiro e ouvinte, mas seu principal objetivo era ser visto ao lado do líder.

Com bons relacionamentos, um político nunca sentirá, ao contrário de milhões de brasileiros, o sabor amargo do desemprego. Nem mesmo aqueles que frustraram a expectativa de seus eleitores, tomando atitudes reprováveis. Amigos políticos perdoam pequenas e, às vezes, grandes mazelas.

Futuro

O perfil do político brasileiro está mudando. O financiador que bancava a campanha dos profissionais do palanque agora está resolvendo, ele próprio, entrar no negócio. "Por que eu preciso usar meu dinheiro para eleger um estranho, se posso financiar um parente?", ouvi do empresário que acabava de bancar a campanha vitoriosa de Cristiano Araújo para deputado distrital de Brasília. Detalhe: Cristiano, administrador de empresas, tem apenas 23 anos e é filho do empresário que decidiu patrociná-lo.

Os adversários disseram que o rapaz só foi eleito porque pressionou os cinco mil funcionários da empresa do pai, a Fiança Segurança, a votar nele. Desculpa esfarrapada. Fiz a sua campanha e me lembro bem dos números. O jovem foi eleito com mais de 26 mil votos, apenas dois mil a menos que Paulo Tadeu, o mais votado de Brasília. A verdade é que a entrada de administradores e homens de negócios na política é uma tendência irreversível.

O empresário que gosta da relação com o poder, que se sente atraído pelo universo político, aos poucos deixará de financiar campanhas, para bancar a sua própria. Isso trará conseqüências mais positivas do que negativas para a política nacional, que está precisando de mais profissionalismo e menos debates, menos conchavos.

A diferença começa pelo objetivo de cada um. A vaidade do empresário está no lucro, no sucesso, na eficiência – ou seja, está ligada a um objetivo concreto. A do político, não. Para ele, imagem é tudo, mesmo que falsa. A fama vale por si só, mesmo que não venha acompanhada de nenhuma ação eficaz.

Essa frivolidade do parlamentar brasileiro pode ser observada quando a TV Câmara ou a TV Senado vivem dias de ebulição, com CPIs, denúncias e afins. Nesses dias, alguns eleitos só faltam amanhecer na fila para serem os primeiros a falar. Porém, mal as luzes se apagam, câmeras são recolhidas e repórteres se vão, e os debates definham instantaneamente.

A imagem idealizada daquele político honesto, puro, capaz de dar a vida por uma causa, há muito se perdeu. Os partidos ainda têm suas escassas reservas éticas, mas são exceções e não parecem fazer escola. O caminho que leva a Brasília é tortuoso, pois exige acordos e alianças com pessoas de comportamentos dúbios, de débeis conceitos morais e ideológicos.

Quem chega à Capital não carrega mais os sonhos que porventura o levaram à vida pública. Os altos salários, as mordomias e os privilégios amolecem mesmo os espíritos mais combativos. Após um tempo, mais curto do que se imagina, poucos estarão dispostos a fazer um exame de consciência e murmurar um tímido "Rosebud". As dores do passado são esquecidas até por aqueles que passaram a maior parte da vida convivendo com a penúria e a falta de perspectivas que envolvem o povo brasileiro.

Em um país moderno, o homem político, principalmente se ocupar um cargo executivo, precisa entender de economia e administração, ser um empreendedor, ter uma visão do todo, tomar decisões rápidas, gerar resultados. Se é um governador, por exemplo, deve atuar tanto nos limites de seu Estado – trabalhando para melhorar a qualidade de vida da população – como fora dele, buscando recursos até em outros países, se necessário. Governador que passa o tempo todo só articulando, fazendo reuniões e entabulando conversas ao pé do ouvido não interessa mais o eleitor.

No futuro, o País será administrado como uma empresa e os eleitores, tal qual acionistas, cobrarão desempenho de seus representantes. A utilização do dinheiro obedecerá regras elementares que toda dona de casa deve saber, mas que nossos políticos insistem em ignorar. A primeira delas é não gastar o que não se tem. E outra, também óbvia, é tapar os ralos por onde fortunas escorrem para mares de lama.

Choca a maneira, parcial e interesseira, como o dinheiro é administrado pelo governo. Repare que os municípios, os governos estaduais aquinhoados com as fatias mais generosas do bolo, são, coincidentemente, ligados aos homens e partidos que detêm o poder. Não há uma correlação entre a verba e o número de habitantes. Há apenas a relação política. Proporcionalmente, um morador de uma cidade dominada pelo PT receberá mais dinheiro público do que moradores de outras cidades.

Como o orçamento é usado como moeda de troca pelo Governo, mesmo depois de aprovado, no final do ano, suas verbas só são liberadas à medida que os parlamentares votam de acordo com os interesses do presidente. Essa prática tornou o orçamento ilusório. Por meio dele o Governo estende suas garras por toda a estrutura política do País, imobilizando desde Estados poderosos, até pequenas prefeituras interioranas.

Essa estrutura centralizadora, típica de regimes totalitários, certamente não contribui nada para o desenvolvimento do mercado econômico, ou da democracia. Mas há luzes no fim do túnel: a lei de responsabilidade fiscal inibiu a gastança irresponsável do dinheiro público, enquanto a de fidelidade partidária deverá acabar com a alta rotatividade nos corredores do Senado e da Câmara e no comando dos governos e prefeituras.

A cômoda infidelidade partidária explica a dificuldade de se acabar com o voto secreto. Ela permite que um parlamentar não acompanhe seus companheiros de legenda, mas depois diga que o fez. Como cães famintos que não querem largar o osso, nossos políticos se apegam às carcaças do poder com unhas e dentes e se colocam energicamente contra medidas que venham moralizar, agilizar e tornar mais eficiente a máquina estatal. É a velha história: o inchaço do Estado é péssimo para o País, mas é bom para o partido que está no poder. E o que é mais importante para o partido, além dele próprio?

Porém, não creio que o paquiderme ficará muito mais tempo atolado no pântano do atraso. Há muita gente pensando de outra maneira, propondo saídas para dar asas ao elefante, ou interná-lo num spa. O bicho tem muita gordurinha para queimar. O Brasil possui 25 mil "cargos de confiança", ou seja, posições de trabalho preenchidas por mera indicação política. Na Inglaterra são apenas 100. No Brasil, 22% da população economicamente ativa trabalha para o Governo. Nos Estados Unidos, essa porcentagem é de 14%, e no Chile, 10% (dados extraídos do livro *Carregando o Elefante*).

Esse compromisso com a eficiência – que se pôde notar no governo de Blairo Maggi no Mato Grosso, e no de Aécio Neves em Minas Gerais – é tão óbvio que não deve demorar muito para que se espalhe pelas prefeituras e pelos governos estaduais, até chegar ao castelo da presidência.

Centros mais desenvolvidos e modernos, como São Paulo, Rio de Janeiro, Minas Gerais, Rio Grande do Sul, Paraná, Brasília, não terão maiores dificuldades em se adaptar aos novos tempos. Temo, porém, que no Norte e no Nordeste, ainda acomodados com a romântica ilusão do paternalismo, o futuro demore mais a chegar.

Sedução

Todos temos o instinto de tentar convencer os outros a fazer o que nos agrada. Assim conseguimos namorar, ter amigos, arrumar empregos. Porém, se o outro é um parlamentar e você quer que ele faça alguma coisa pelo grupo que você representa – dos sem-terra, negros, mulheres, homossexuais, ativistas dos direitos humanos, ecologistas, agricultores ou industriais –, então você é um lobista.

A princípio, o lobby não deveria ferir a ética. Pressionar os parlamentares para tomar esta ou aquela decisão é uma atitude legítima em uma democracia, tanto que os Estados Unidos, país que se arvora como o mais democrático do planeta, regulamentaram a atividade dos *interest groups* em 1946.

No Brasil, esses grupos de interesse – ou *groups de pression*, como são conhecidos na França – merecem registro desde o século passado. Sabe-se que na Primeira República representantes da Associação Comercial da Bahia pressionaram o Congresso Nacional em defesa de interesses de seus associados.

Tentar convencer o parlamentar, com dados irrefutáveis, a adotar uma causa nobre, seria altamente recomendável. Se fosse sempre assim, e essa era a idéia original, não haveria por que torcer o nariz sempre que se ouvisse falar em lobby. Porém, no Brasil não há como negar que a palavra ganhou uma conotação negativa. De origem inglesa, lobby quer dizer saguão, ante-sala, local onde seus adeptos tentam convencer os representantes do povo a esquecer esse mesmo povo que os elegeu e defender interesses de grupos econômicos poderosos.

Não, não estou sendo severa demais. A não ser que Aurélio Buarque de Holanda, autor do dicionário mais popular da Língua Portuguesa também o seja. Pois lá está a definição de lobby: "Pessoa ou grupo que, nas ante-salas do Congresso, procura influenciar os representantes do povo no sentido de fazê-los votar segundo os próprios interesses, ou de grupos que representam".

Na verdade, o que incomoda não é essa tentativa de convencer o parlamentar a votar nisso ou naquilo. Qualquer um de nós pode – e deve – encaminhar um e-mail ao candidato que elegemos e cobrar-lhe alguma coisa. O complicado é a forma com que esse convencimento tem sido praticado. Persuadir alguém oferecendo dinheiro deixa de ser uma atividade lícita para se caracterizar suborno.

Mas até montar a produtora, lobby, para mim, era como bruxa, fada, duende, algo distante da minha realidade. Ouvia falar, mas nunca tinha visto. Fechada na redação da Globo, não sabia o que se passava nas ruas, nos restaurantes, nas agências de publicidade. Só depois descobri que as agências de grande porte instaladas em Brasília têm uma relação muito próxima com os políticos, isso porque as contas poderosas não estão na economia privada, e sim nas estatais do governo.

Teoricamente, essas contas só podem ser conquistadas por meio de licitações, mas na prática o processo nem sempre ocorre de maneira natural, limpa, baseada apenas na competência. Vale mais o cacife de quem indicou. As grandes estatais estão loteadas entre grupos políticos que decidem quais agências ficarão com as contas da Caixa Econômica Federal, do Banco do Brasil, dos Correios, da Petrobras... E em troca, essas agências serão chamadas para fazer as próximas campanhas desses políticos.

Conheci um lobista de Minas, representante de uma empreiteira, que contava aos quatro ventos quais eram os parlamentares que estavam na sua folha de pagamentos. No segundo uísque o rapaz já estava soltando os nomes, sem se preocupar com as pessoas da mesa ao lado. Dizia também que, além dos pagamentos em "cash", costumava dar presentes aos políticos mais acanhados, que tinham dificuldade em assumir a realidade.

Como esse dinheiro era pago, não sei. Nunca vi mala de dinheiro circulando pela cidade, como de vez em quando aparece no noticiário. Mas de alguma forma o pagamento da empreiteira ia engordar a conta de um digno representante do povo.

Nem todo lobista, porém, paga em espécie. Os mais sutis oferecem viagens de jatinho para a família, algumas com direito a hospedagem em uma ilha de Angra dos Reis. Esses passeios são tão sedutores que também conseguem atrair membros do judiciário. Para completar, há toda sorte de mimos, como bebidas, gravatas, perfumes, canetas... Quem não se sente feliz por ser lembrado?

O lobista típico é educado, fino, de ótimas relações. Muitos são conhecedores de arte, esportes, literatura, enfim, ótimas pessoas para uma conversa agradável. Mas não é discreto, ao menos em Brasília. Veste ternos caros, freqüenta os melhores restaurantes, está sempre acompanhado de gente importante e mulheres bonitas. Quando vive na cidade, costuma morar em belas casas ou apartamentos de cobertura. Não tem qualquer problema de consciência e fala com orgulho dos políticos famosos que mantém na sua lista de favorecidos.

Toda semana, de terça a quinta – mesmos dias do reduzido expediente dos parlamentares – Brasília recebe uma infinidade desses emissários dos mais variados grupos econômicos, tais como: indústria farmacêutica, insumos, agropecuária, importação de pneus, indústria de confecção, indústria da comunicação, do papel, das gráficas, sindicatos, Ongs... Nesses dias, esses forasteiros trabalham freneticamente para contatar políticos e convencê-los a beneficiar os grupos que representam.

O visitante que chega à Capital do País para tentar o contato com um figurão, sem conhecer os atalhos que levam até ele, se sente completamente perdido. Como se aproximar de um senador? Pior ainda, como convencê-lo a se interessar por uma emenda que beneficie determinada empresa ou entidade? Como roubar preciosos minutos de um ministro de tribunal superior para persuadi-lo a colocar imediatamente em pauta aquele processo de milhões de reais contra um órgão do governo? Sem alguém que lhe mostre os meandros do poder, nosso visitante dará com a cara na porta, ou vagará, sem rumo.

A imagem que me vem à mente para explicar essa situação é o chapa, aquele sujeito que fica sentado às margens das estradas, fazendo sinal para os caminhões que passam. Eles ganham uns trocados servindo de guias para os caminhoneiros em cidades que não conhecem. Pois é. Excluindo-se os trajes, os carros de luxo e os perfumes, o lobista é um chapa para caminhoneiros de outras mercadorias.

Ele pode levá-lo, ou ao menos dará a impressão de que pode, aos homens que decidem. Antes, porém, é preciso checar se sua papelada está dentro das normas legais. Quem pode ajudar com isso é o lobista "carregador de piano", ou de segundo escalão. Esse lobista de menos status, mas de bons conhecimentos técnicos, analisará o projeto, obterá documentação e pareceres favoráveis ao pedido, ou "pleito", e fará os contatos preliminares com representantes do quarto, terceiro e até mesmo do segundo escalão do Governo, deixando tudo na dependência do grand finale, também chamado de "vontade política".

Esses lobistas "pau para toda obra" geralmente são procuradores, administradores e consultores públicos aposentados de cada órgão que montam escritórios de "assessoria e consultoria empresarial", encontrados às centenas em Brasília. São operários do lobby que não subiram na carreira a ponto de abandonar o dia-a-dia das repartições públicas. Fazem o trabalho pesado para que os almofadinhas de ternos impecáveis, sorrisos perfeitos e gestos finos possam colocar a cereja no bolo.

Confiante, certa de que o caminho até os poderosos terá de passar obrigatoriamente por ela, a tropa de elite do lobby não tem pressa, ou finge que não. Para ver e ser vista, almoça e janta nos melhores restaurantes, refere-se a cardeais da política ou dos negócios pelo primeiro nome, liga para seus celulares em voz alta e é tão especializado que trabalha ou no legislativo, ou no executivo, ou no judiciário.

No executivo, o lobby é feito por diretores "institucionais" das grandes empresas e corporações, que atendem aos altos funcionários de sua área de interesse, encaminhando seus processos administrativos, tais como licitações, cobranças e alterações de contratos. Cultivam essas amizades com carinho sem pedir, mas certos de que um dia receberão algo em troca. Quando o "amigo" perder o cargo, o diretor lobista já terá conhecido seu substituto, e assim prosseguirá até que a sua morte o separe de seus bajulados.

Como são diretores de empresas conhecidas, esses representantes da fina flor do lobby podem circular com desenvoltura pelos gabinetes e têm seus nomes nas agendas oficiais. Um exemplo dessa casta privilegiada é o senhor Cláudio Gontijo, diretor da Construtora Mendes Júnior, envolvido nos fatos que tornaram a minha vida particular tão pública.

A agenda de um lobista desses vale ouro. Alguns, há décadas em Brasília, estão tão enfronhados com o poder, sabem de tantas coisas e têm tantos contatos, que quando o filho de um deles foi preso, o pai correu para resgatar primeiro a agenda – que acabou esmiuçada por uma das revistas mais influentes do País.

Mentira

Mas, como em todo mercado, não há só profissionais em tempo integral. Sim, há lobistas freelancers, que não são vinculados a nenhuma empresa, e sim a um administrador público. Geralmente se trata de um amigo de infância, parente, ou assessor antigo. Não têm cargo, mas transitam livremente pelo órgão comandado por seu mentor, a quem representam nas negociações. Empolgados com a possibilidade da riqueza instantânea, vivem na cola de seus potenciais parceiros. Assim, freqüentam assiduamente os points de executivos e lobistas de Brasília, como a Churrascaria Porcão e o Restaurante Piantella.

São reconhecidos por suas bravatas. Dizem conhecer as pessoas importantes de Brasília e fazem questão de ligar para seus celulares altas horas da noite, para invariavelmente desligar em seguida e dizer que o amigo já deve estar dormindo. Participam de happy hours que começam às 19 horas e vão até o último freguês. E pagam a conta, pois lobista que se preze precisa emanar poder e dinheiro – qualquer sinal de fraqueza inviabiliza seu negócio.

No judiciário, os lobistas são advogados de um time seletíssimo, que só estendem suas garras para os processos quando estes aparecem nos tribunais superiores. Então, mesmo sem ter redigido uma petição sequer durante todo o andamento do processo, esse especialista em "embargos auriculares" entra em cena. Para quem não sabe, embargo auricular é uma expressão pejorativa cunhada para definir o ato de alguém que cochicha pedidos ao pé do ouvido do juiz.

Esses embarguistas auriculistas desfrutam da intimidade dos ministros dos tribunais superiores, com quem chegam a passar horas discutindo os processos que lhes interessam e sugerindo teses para os votos. Levando-se em conta que a maioria das turmas dos tribunais conta com três ministros votantes, conquistar a boa vontade de um deles já é um grande passo, pois esse ministro pode, muito bem, convencer mais um dos dois que restam.

Advogados pioneiros em Brasília, contemporâneos de Juscelino Kubitschek, compõem o time de elite desses lobistas cuja valiosa matéria-prima é a lei.

Senhores discretos, eficientes e altamente respeitáveis, esses verdadeiros decanos do lobby têm a companhia de ministros aposentados para formar um autêntico escrete de advogados lobistas, ou aqueles que escrevem o direito com linhas tortas.

Como o alto clero do poder legislativo, eles são avessos a badalações, freqüentam jantares e recepções fechadas e seu círculo de amizades é muito restrito. Pelo avançado de suas idades, preferem ficar com a família e viajam pouco – a trabalho nem precisariam mesmo, pois os advogados são obrigados a ir a Brasília, sorvedouro que engole todos os processos terminais do País.

Quando arregaçam as mangas por uma causa, esses senhores são uma garantia de vitória. Porém, que ela valha a pena, pois seus honorários beiram a casa dos milhões. Seu poder é tamanho que geralmente só pode ser passado por parentesco muito próximo, mas mesmo netos e sobrinhos distantes podem se valer do sobrenome famoso para ganhar espaço no florescente mercado do lobby advocatício.

Mais jovens e vaidosos do que os mestres do Direito, esses herdeiros forçados têm escritórios decorados por arquitetos de renome, em edifícios comerciais de alto luxo construídos recentemente no centro de Brasília. Colecionam obras-de-arte, têm lanchas, carros de luxo e freqüentam os melhores restaurantes da cidade, onde são reconhecidos por preferir vinhos cujas garrafas não custam menos de 500 reais.

Como os lobistas que atuam junto aos manda-chuvas do executivo e do legislativo, os do judiciário não fogem ao padrão, que impõe a ostentação de poder e abundância. Em poucas atividades a expressão "dinheiro gera dinheiro" é tão bem aplicada. Generosos, esses profissionais vivem para agradar e suprir os políticos em tudo que necessitam. E quase nada pedem em troca. Apenas uma ligeira preferência no andamento de seus projetos.

Linguagem

Cada cidade tem sua linguagem própria, seus termos específicos que podem soar como um estranho dialeto para quem vem de fora. Desembarque em Salvador sem saber nada sobre música e dança, vatapás e candomblés, e se sentirá em outro planeta. Vá ao Rio sem estar familiarizado com a terminologia própria da vida social na praia, e logo será visto como um alienígena. Visite São Paulo sem ter qualquer ascendência italiana e perceba por que Rita Lee e Adoniran Barbosa são os ícones culturais dos paulistanos. O brasiliense, por sua vez, sem outra grande referência, permitiu que a política entrasse tanto em sua vida, que extraiu dela expressões que só são usadas e conhecidas na cidade.

O visitante que chega a Brasília sem conhecer algumas palavras utilizadas no mundo político da Capital pode se sentir tão aéreo como o turista que em Salvador recebe uma explicação sobre a diferença da batida do Olodum para a dos Filhos de Ghandi.

Quase todo brasiliense sabe, religioso ou não, o que significa cristão novo, baixo, médio e alto clero. Dos corredores da Câmara e do Senado, essas expressões ganharam as ruas. A recíproca também é verdadeira. Quando você ouvir um parlamentar usar jocosamente a expressão "já comi e estou comendo", ele está repetindo a tradução popular para os prédios que simbolizam o Senado (uma tigela emborcada) e a Câmara (uma tigela aberta).

Como desejo que vocês se sintam à vontade na Capital do País e entendam perfeitamente o significado de algumas palavras muito faladas por lá, elaborei um pequeno glossário:

Cristão Novo – Ao contrário do que diz a história, no caso não se trata do judeu recém-convertido. Em Brasília o termo é usado para quem acabou de chegar no partido, ou na política. Geralmente é o parlamentar de primeiro mandato, ou aquele que, mesmo com um extenso currículo político, troca de partido e passa a ser um recém-chegado entre os novos companheiros.

Ao aterrissar na Câmara ou no Senado, mesmo que credenciado por votações espetaculares, o novato tem de se submeter, humildemente, às regras da casa, impostas pela tradição ou pelo alto clero. Quando as ignora, invariavelmente se dá mal. O jovem e bem-sucedido empresário Luiz Estevão que o diga.

Antes de se tornar o primeiro senador cassado da República, Estevão assumiu com tamanha autoconfiança seu posto do Parlamento, que ousou ocupar o privilegiado gabinete de Antonio Carlos Magalhães, um dos caciques da política brasileira. Obviamente o moço não conseguiu nada e ainda se desgastou com ACM e seus súditos, o que em parte explica a pouca resistência à sua cassação, depois que ficou constatada a participação de sua empreiteira, a OK, na obras hiper-faturadas do Fórum Trabalhista de São Paulo.

Bons gabinetes não estão à venda e são disputados a ferro e fogo. São aqueles que se localizam ao lado dos gabinetes dos presidentes da Câmara e do Senado, ou próximos ao plenário. Um cristão novo não deve nem sonhar com um deles. Um exemplo que ilustra bem esse caso em outros ramos da sociedade aconteceu no futebol, quando o artilheiro Romário, após uma discussão com Alexandre Gama, técnico principiante do Fluminense, saiu com a pérola: "O cara nem entrou no ônibus e já quer sentar na janela". Ouvi muito essa frase de parlamentares que gostam de futebol.

Baixo Clero – O integrante deste grupo nem sempre é um deputado federal novato, ou de pouca expressão. Alguns já estão no segundo ou terceiro mandato. Mesmo assim, não aparecem muito na mídia e têm pouca penetração no meio político. Há os que passaram a deputados federais após apenas um mandato como estaduais e há, ainda, casos mais raros, como o do costureiro e apresentador de tevê Clodovil Hernandes, que logo em sua estréia foi um dos mais votados do País e se tornou o primeiro deputado federal assumidamente homossexual.

Mas, unida, essa turma é forte, pois tem o poder do voto. A maior demonstração de força do baixo clero foi a eleição de Severino Cavalcanti, veterano deputado de Pernambuco, para a presidência da Câmara, em fevereiro de 2005. Severino era conhecido como o rei do baixo clero. Trabalhava na miudeza, como se costuma dizer. Já tinha ocupado posições à mesa e, quando surgiu a oportunidade, fez suas articulações e conquistou a presidência.

Houve muita resistência a Severino, desancado, num bate-boca histórico – que pode ser visto no youtube –, pelo deputado Fernando Gabeira. Para Gabeira, era uma vergonha a Câmara ter um presidente como Severino. Algum tempo depois, em setembro do mesmo ano, o sentimento de Gabeira se justificou, quando veio à tona o escândalo do "mensalinho".

O dono do restaurante da Câmara, Sebastião Buani, revelou que durante meses pagou uma propina mensal de 10 mil reais para Severino. A denúncia do empresário acabou, melancolicamente, com a última grande aventura de um integrante do baixo clero.

Alto Clero – Pense nos nomes mais conhecidos da política, esses que você vê todo dia na mídia, que opinam, são ouvidos, decidem. Eles são os cardeais, os caciques, os invejados integrantes do alto clero. Mais velhos, mais experientes, com um vasto currículo, eles já têm as duas coisas que os outros almejam: dinheiro e poder.

Podem ser deputados ou senadores, mas todos influentes. Se não estão no time que decide os destinos do País, têm franco acesso a ele. Interferem nas decisões do seu partido e transitam livremente entre as lideranças dos outros. Às vezes não têm uma posição de liderança em Brasília, mas representam importantes grupos políticos do seu Estado.

Não espere encontrá-los em lugares públicos. Eles circulam menos pela cidade do que os cleros abaixo. Preferem eventos fechados, como jantares em casas de amigos, festas de empresários ou comemorações com políticos de poder equivalente. São mais discretos. Têm uma imagem a zelar. Continuam apreciando aparecer na mídia, mas preferem o retorno de qualidade.

Como é necessária muita bagagem para ser aceito no clube, dificilmente um político com menos de 60 anos passa pela comissão de sindicância. Uma das exceções é Aécio Neves, 47 anos, que ao lado de Fernando Henrique Cardoso e José Serra forma o triunvirato do PSDB. Mas no caso de Aécio se entende. Ele já foi presidente da Câmara, governador de Minas Gerais e tem um trunfo que é só dele: é neto de Tancredo Neves, primeiro presidente pós-regime militar.

Médio Clero – Esse é o pessoal do meio do caminho, que ainda não tem tanto poder, mas que já consegue ser ouvido por um ministro, ter acesso a algum senador importante, jantar com um ou outro deles. Dizem que um sinal de que o parlamentar está entrando no médio clero é quando convida um político importante para o jantar e recebe um "sim" como resposta.

É óbvio que a grande aspiração de quem está no médio clero é ascender até os cardeais. Formam o grupo mais animado de deputados e senadores, pois estão em ascensão – no mínimo no segundo mandato –, sentem-se queridos no meio, gozam da amizade de algum cacique e são os que mais aproveitam a cidade, pois circulam muito, a fim de garantir bom espaço na imprensa.

Descontraídos, ativos, alegres, são vistos em shows, exposições, jantares. Não têm qualquer preconceito contra o marketing agressivo. Na possibilidade de os veículos de comunicação não darem bola, costumam contratar assessores de imprensa para cobrir seus encontros importantes, com ministros, presidente da Câmara, do Senado ou equivalentes. A imprensa de seu estado não pode ficar sem a notícia.

Crachá de Parlamentar – Deputado federal saindo para jantar com crachá? Parece estranho, mas o objetivo do pin, aquele brochinho de metal que os parlamentares usam na lapela, é exatamente esse: o de avisar aos maîtres e garçons que estão diante de uma autoridade e que pode ser constrangedor – principalmente para ela – deixá-la esperando por uma mesa.

Quanto menos conhecido o parlamentar, mais necessário se torna usar o pin – que, ao contrário de outros bens pirateados no País, jamais é falsificado, clonado ou usado indevidamente. Respeita-se demais o uso do pin em Brasília.

Políticos famosos não se sentem obrigados a usá-lo, mas é extremamente recomendável que deputados e mesmo senadores de primeiro mandato o façam, ou correrão o risco de serem relegados à longa espera a que os mortais comuns se submetem sempre que vão jantar em restaurantes badalados.

O pin não funciona como cartão de crédito, mas pagar contas de almoços e jantares não é preocupação para um político que se preze. Para isso há os seus assessores. Em Brasília, o parlamentar costuma deixa a carteira em casa. Quando a possui.

Nepotismo Cruzado – Prática recriminável de dar emprego a parentes, o nepotismo não é bem visto entre parlamentares. Quem o pratica tenta esconder, mas se descobre que outros fazem, põe a boca no trombone. Favorecer familiares depõe contra o político. Quando não é ilegal, é antiético. Mais de uma vez já se ensaiou sacramentar uma lei proibindo essa praga, mas ela continua viva e forte, grassando em habitats onde proliferam políticos e gabinetes.

Homens públicos que prezam a imagem e têm aspirações na carreira evitam agir de forma a permitir críticas, e o nepotismo é uma delas. Porém, entre os parlamentares de Brasília há muito tempo se descobriu uma forma de assegurar trabalho para os parentes, filhos principalmente, sem expor os vínculos familiares. Fulano-filho-assessor-de-fulano-pai é o tipo de relação que dá muito na vista, por isso só os menos hábeis, ou mais caras-de-pau, a adotam.

Para não causar suspeitas, os representantes do povo instituíram o hábito de dar emprego ao filho do amigo, pois sabem que esse amável gesto invariavelmente implica na recíproca. Dessa forma, uma das coisas mais difícieis que podem acontecer a um filho de político ou de um alto funcionário das entidades filiadas em Brasília é ficar desempregado, ou melhor, ficar sem receber salários.

Enquanto jovens pelo País afora sofrem em filas de estágio para receber minguadas ajudas de custo, em Brasília são os patrões que correm atrás de certos rapazes e moças de papais importantes, oferecendo-lhes rendimentos iniciais bem acima da média do trabalhador brasileiro. E o melhor é que em muitos casos nem é preciso ter experiência ou um bom currículo. Basta encontrar um tempinho para assinar o ponto.

Como o nepotismo cruzado "simples" já deixou de ser novidade, a tendência agora é o nepotismo triangular, ou com quantas pontas forem necessárias, desde que todas elas sejam contempladas com um polpudo e relaxante emprego público.

Absolvido pelas Urnas – Expressão jocosa, geralmente usada por políticos corruptos ou acusados de corrupção, que, mesmo depois de indiciados por fraudes e falcatruas, conseguem inscrever-se em uma eleição e, devido à omissão ou ignorância do povo, são eleitos de novo.

Enquanto ao homem comum condenado pelos tribunais resta apenas a esperança de ser inocentado pela "justiça divina", o político não precisa esperar tanto. Mesmo depois de flagrado em grave e flagrante delito, se ele conseguir manter seus direitos políticos, concorrer novamente a um cargo público e for eleito, fatalmente dirá que foi absolvido pelas urnas.

O rei dos absolvidos é o ex-prefeito de São Paulo, Paulo Maluf, que saiu direto de uma cela de 2,50m x 3,00m para um gabinete refrigerado na Câmara Federal, carregado em triunfo pela maior votação de um deputado federal nas eleições de 2006 (mais de 739 mil votos).

O doleiro Vivaldo Alves, o Birigüi, confirmou o envio de 161 milhões de dólares para contas dos Estados Unidos em nome da família Maluf. O promotor público de São Paulo, Sílvio Marques, contabilizou uma movimentação de 446 milhões de dólares na Suíça em nome dos Malufs. Dá para imaginar quantos hospitais, escolas ou casas populares poderiam ser construídos com esse dinheiro?

Apesar de tantas evidências, mais de 700 mil pessoas – mal-informadas ou masoquistas – resolveram "absolver" Maluf. A dupla de mensaleiros José Genoino e João Paulo Cunha também foi "absolvida" pelo generoso povo brasileiro.

Acaso

Acho que havia alguma música no ar. Não me lembro bem, mas creio que havia, porque, quando a cena volta à minha memória, é como se houvesse. Música, perfume e um certo torpor. Champanhe na mão, conversávamos e sorríamos após o jantar. Havíamos brindado por mais um ano, o intenso ano de 2002. Do jardim, apreciávamos a noite de Brasília, o céu riscado por fogos e luzes, miríades de cores e chuvas de prata abençoando a cidade.

A sala estava animada. Cercado por jornalistas, o senador Eduardo Suplicy falava, empolgado, sobre o programa Renda Mínima e a indicação de Henrique Meirelles para a presidência do Banco Central. Mais um pouco, o próprio Meirelles chegou. Vivia-se a alegre expectativa do governo do Partido dos Trabalhadores, que finalmente chegava ao poder com a eleição de Lula.

As festas, os jantares de final de ano – como aquele que reunia jornalistas, publicitários e políticos na casa de um eminente senador – sempre me trouxeram a relaxante sensação de dever cumprido. O espírito se abre para um novo ano, uma nova etapa de nossas vidas. Acho que pensava nisso quando percebi que ficamos sozinhos. O vento agitando as cortinas, o barulho de cristais e porcelanas como rumores longínquos vindos da sala. Era como se fôssemos as únicas pessoas no mundo. Naquele momento, o senador Renan Calheiros olhou nos meus olhos e passou a dizer coisas que eu gostei de ouvir.

Há fases da vida em que uma mulher precisa desesperadamente se sentir querida, bonita, desejada. Provavelmente naquela noite eu me sentisse assim.

A dor da separação me deixava confusa, deprimida. Soa estranho agora, mas aos 34 anos eu me sentia cansada, insegura diante do eterno dilema entre a realização profissional e os papéis de esposa e, principalmente, mãe, os que realmente contam na hora de se atingir o equilíbrio e a felicidade.

Será que me dediquei demais à empresa e negligenciei o resto? Quanto tempo atrás de novos contratos, checando detalhes de produção, quantas noites fora de casa, ou voltando de madrugada, acompanhando gravações nos sets de filmagem ou no estúdio da produtora. Raras vezes eu conseguia almoçar ou jantar com meu marido e minha filha desde a montagem da Cristal. Essa minha ausência teria sido, no final das contas, o maior motivo daquela separação, a maior razão de minha vida voltar a ser apenas eu e Luíza?

Uma de minhas metas mais importantes para o ano novo era ser uma mãe melhor, mais presente. Mas, ao mesmo tempo, tinha medo de não dar conta das tarefas de mãe e profissional. Voltei a pensar na hipótese de retornar a Belo Horizonte, onde o apoio da família, a proximidade dos meus pais, me acenava como um alento. Mas a produtora, após tanto trabalho, já não era um sonho, e sim uma realidade de sucesso. Não seria precipitado abandonar Brasília por uma dor que acabaria passando?

Não é agradável lembrar certas coisas, remoê-las, mas a vida nos traz esses momentos de reflexão e, para nossa sobrevivência, não se deve ignorá-los. Pensava nisso, absorta, olhar parado em alguns edifícios ao longe, iluminados por fachos de luz que brotavam da terra, quando percebi o olhar e o sorriso do senador Renan. Atrás de seus óculos, vislumbrei o brilho de seus olhos azuis.

Muito educado, em um tom de voz baixo e pausado, como, descobri depois, é o seu jeito natural de falar, lembrou que já nos conhecêramos há alguns anos, quando eu acompanhei as gravações feitas pela Cristal com candidatos do PMDB para o horário eleitoral gratuito, e ele foi um deles. Disse que tinha me achado muito séria naquele dia, mas que assim, sorrindo, mais descontraída, é que eu mostrava o meu encanto. Elogiou meus traços, a pele sempre bronzeada e os cabelos longos. Depois, ao reparar que eu estava sem aliança, perguntou se havia me separado, o que confirmei. Então, ele fez um ar de compreensão e respondeu que sabia o que eu estava sentindo, pois também estava se separando.

Hoje recordo aquela noite e tento desvendar o que aconteceu. De minha parte sei que a paixão não nasceu ali. Mas, talvez, um clima de sedução tivesse pairado entre nós. Não uma sedução diretamente ligada a nós dois, de um pelo outro, mas a sedução de que precisávamos como mulher, homem, para nos sentir animados a seguir em frente, para não nos deixarmos abater pela quebra brusca de amor-próprio e pela sensação de fracasso que vem no rastro das separações.

Quem sabe se as imagens podem explicar melhor... Em *De Olhos Bem Fechados*, do perscrutador de almas Stanley Kubrick, uma das cenas que mais me marcou ocorre no momento em que a personagem interpretada por Nicole Kidman é assediada por um romeno de meia-idade. Disfarçando o ciúme por ver o marido ser agarrado por duas jovens e belas garotas logo na entrada da festa, ela aparentemente aceita os galanteios daquele estranho volúvel, porém instigante e charmoso.

Enquanto ela se serve de uvas e as leva, lentamente, à boca, o homem se aproxima, atrevido, e passa a sussurrar-lhe argumentos aparentemente irresistíveis. Há um momento em que os espectadores são levados a acreditar que ela vai terminar a noite nos braços do romeno. Nenhuma cena com uma carga tão densa de ousadia e sensualidade costuma passar incólume nos roteiros do cinema. No final, porém, é tudo um jogo. Um jogo que talvez fizesse bem a ambos, mas que não colocaria em risco o script de suas vidas. Alice voltaria para seu belo e bem-sucedido doutor William, e Sandor prosseguiria apegado apenas à sua vaidade.

Nem todas as atrações se consumam. Algumas podem nascer e morrer em uma noite, tão rápidas como um arrepio que corre pela espinha, uma troca de palavras, um olhar. A busca pelo amor, por mais obsessiva que seja, exige a sua tateante fase de estudos. Enquanto não se encontra a relação definitiva, aquela a ser cultivada para sempre, vivemos conhecendo pessoas, tentando reconhecer nelas nossos sonhos, sondando suas atitudes, pesando suas qualidades, reparando no que têm de mais bonito, no que mais nos agrada. Nessa fase, uma conversa em um jardim, em uma noite quente e ventilada, pode significar um começo.

Nas semanas que se seguiram, o senador Renan Calheiros me ligou insistentemente. Queria me ver de novo, conversar. Bem que podíamos almoçar ou jantar um dia desses, dizia ele. Eu recusava, com uma desculpa.

Um dia, depois de ouvir mais um "claro, senador, vamos combinar um almoço", ele respondeu em tom de brincadeira: "Você deveria ser política, fala como nós, sempre se sai elegantemente de qualquer situação". Depois, descobriria que a expressão "vamos combinar" é muito usada entre eles, uma forma de não se comprometerem.

Acredito que não tenha aceitado o convite talvez pela falta de tempo mesmo, ou por não querer ou não me sentir preparada para me envolver com alguém. Em uma dessas ocasiões, ao tratá-lo com a formalidade de sempre, ele retrucou "não me chame de senador", e não só pelas palavras, mas pelo tom com que foram ditas, ficou claro que não estava interessado em mim profissionalmente, mas como mulher.

Renan me inspirava respeito. O trabalho como jornalista me ensinara não só a gostar de política, como também admirar as pessoas que se sobressaem nesse meio tão competitivo. E ele, mais do que um dos líderes de seu partido, era uma pessoa de bom trânsito e respeitada por políticos de todas as legendas. Não teve receio de enfrentar Fernando Collor quando este ainda não era questionado, manteve uma postura ética durante a gestão de Fernando Henrique Cardoso e naquele início de 2003, na liderança do PMDB, se tornara um dos apoios mais importantes do recém-empossado presidente Lula.

Quando ele me convidou para um jantar na casa do senador Ney Suassuna, em fevereiro de 2003, dois meses após o primeiro jantar, o de fim de ano, finalmente resolvi aceitar. Ainda estava sozinha, não fazia mal dar uma oportunidade a mim mesma de conhecer alguém que se empenhava tanto em me chamar a atenção.

Seus olhos brilharam quando me viu e, indiferente aos outros convidados, não os tirou mais de mim durante o jantar. Parecia uma criança, estava encantado, feliz. Quando tivemos a oportunidade de conversar sozinhos, mostrou-se encantador. Dizia palavras doces olhando no fundo dos meus olhos, era educado e meigo nos gestos. Contou que havia ficado fascinado por mim desde o dia da gravação para o programa do PMDB. Pedira ao seu assessor, o Weiller, que conseguisse meu telefone, descobrisse mais coisas sobre mim, mas ele avisou que eu era casada. Por isso Renan mostrou-se tão radiante ao saber que eu tinha me separado.

Nada é por acaso, dizia ele. Se o destino nos colocou aqui, ambos saídos de separações, prontos para recomeçar a vida, não poderia ser apenas obra do acaso. Perguntou-me o que eu mais queria em uma nova relação, e eu respondi que cumplicidade, uma relação leve que me fizesse feliz. Então, ele disse que adoraria ficar perto de mim, me proteger. Qual mulher não sonha com esse tipo de cuidado? Eu queria tanto um ombro que me reconfortasse, que me fizesse sentir segura emocionalmente.

Se ele me dissesse, naquela noite, que era casado, ou que estava vivendo uma relação confusa, ou essas coisas que os homens dizem quando querem apenas seduzir uma mulher, eu jamais teria me envolvido. Ele verbalizou sua liberdade de maneira clara, que não deixava a menor dúvida. Não usava aliança, nao estava se comportando como alguém que se preocupa com uma outra relação.

Eu estava solteira, com um universo de pessoas que poderia conhecer, em Brasília ou qualquer outro lugar do planeta. Não tinha mais a ansiedade natural das mulheres de casar, ter filhos. Eram etapas que eu já tinha passado. Meu desejo era ser feliz ao lado de um homem que eu admirasse e me fizesse feliz. O que sei é que acreditei. Talvez eu quisesse acreditar, não sei. Só sei que começamos a sair e ele fez com que eu me sentisse bem, acarinhada e protegida.

Íamos a exposições, lançamentos de livros, restaurantes, jantares na casa de amigos, e aos almoços da bancada do PMDB às quartas-feiras. Depois passou a me levar também ao Senado, onde eu era tratada com a maior deferência. No lançamento do livro do senador Ney Suassuna, seu amigo e colega de partido, em um restaurante da cidade, Renan estava tão à vontade, que não só ficou o tempo todo de mãos dadas comigo, para quem quisesse ver ou fotografar, como gravou um depoimento dizendo como admirava meu trabalho e gostava de mim. Essa fita foi feita para uma emissora local. Como eu não acreditaria que esse homem era livre?

No Congresso, na liderança do seu partido, jamais me deixava aguardando na ante-sala junto com outros interlocutores. Caso ele não estivesse no gabinete, determinava que os assessores ou a chefe de gabinete me levassem ao seu gabinete particular, para aguardá-lo. Nunca um homem havia me dedicado tamanha atenção. Porém, eu ainda não estava apaixonada. Era como se uma luzinha vermelha acendesse dentro do meu coração, uma intuição de que deveria me resguardar. Não havia nada de palpável ainda. O comprometimento dele, a atenção e o tempo que me dedicava eram absolutamente satisfatórios, mas eu resistia em liberar minhas emoções.

Houve um momento, bem no começo de nossa relação, em que pensei em desistir. Lembro-me bem porque foi justamente no dia anterior do primeiro café-da-manhã que ele teve com o presidente. Jantamos no restaurante japonês da Academia de Tênis de Brasília, deixei-o em sua casa, na QI 25, de madrugada, e ao chegar ao meu apartamento sentei na cama, analisei nossa relação e decidi terminar.

As pessoas querem viver suas vidas ao lado dos homens ou das mulheres que idealizaram, e Renan era mais velho que eu e não tinha o gosto pela cultura, pelo cinema, que eu queria em um homem. Não era antenado com as coisas modernas, não vibrava com as novidades, as tendências, só falava sobre política. Na verdade, eu também gostava muito de política e esse ponto em comum acabou aos poucos consolidando nossa relação, mas naquele momento eu tinha certeza de que aquilo era insuficiente para nos manter unidos.

Nessa hora de tomar uma decisão definitiva, não há quem não se sinta inseguro. Minha irmã morava comigo àquela época e busquei seu conselho. Ela me ouviu, em silêncio, mas depois argumentou que eu deveria pensar melhor, pois tinha certeza, pelo jeito que ele me olhava, que o Renan era apaixonado por mim, e como ele era um homem maduro e inteligente, saberia cuidar de mim e me fazer feliz. Fui dormir com um turbilhão na cabeça.

Há pessoas que, quando estressadas, vão às compras, ou bebem, ou fazem meditação. Às vezes também faço tudo isso, mas naquele domingo fui tomar sol. Adoro ficar ao ar livre, relaxar. Por volta das 11 horas, estava chegando à marina do Iate Clube de Brasília quando o celular tocou. Era ele, radiante como uma criança por ter tomado café com o presidente. Contou-me como foi e no final concluiu que estava muito feliz porque, apesar de ter dormido muito pouco, estava se sentindo revigorado, pois tudo estava dando certo em sua vida. Percebi, ali, uma declaração sincera de amor. Então, no mesmo momento em que sufoquei a idéia de terminar, percebi que poderia me apaixonar pelo Renan.

Amor

Que fator determina a paixão? Em que momento aquele olhar se aprofundou até sua alma e o cativou? Acho que cada um tem a sua resposta. Não sei se, no meu lugar, todas as mulheres se apaixonariam, assim como nunca se sabe o que aproxima duas pessoas depois de elas terem tentado, inutilmente, com tantas outras. Só posso dizer que o Renan foi se tornando, aos poucos, a personificação de tudo que eu quis em um homem.

Ele fazia com que eu me sentisse especial. No mundo pode haver milhões de rosas, mas para o Renan eu era uma rosa única, que ele tratava com devoção comovente. Fazia as mais belas declarações de amor, me ligava várias vezes durante a noite para contar seus passos, cantarolava *Eu Sei Que Vou Te Amar* ao telefone. Como seus olhos não desgrudavam de mim, ele não reparava apenas se eu tinha cortado ou não o cabelo, mas percebia uma pulseira ou um colar novo, brincava com meus anéis, elogiava os vestidos, enfim, ele se deslumbrava com a minha feminilidade e isso me estimulava a estar sempre arrumada e bonita.

Todos a nossa volta percebiam essa vibração. "Quando você chega, o mundo se ilumina, o Renan é outra pessoa", disse certa vez o ex-senador Luiz Otávio. O sentimento do Renan por mim era de uma transparência cristalina. Não sei se um dia ele admitirá isso, mas sei do quanto ele gostou de mim, o quanto havia de cumplicidade entre nós. É uma história que só pode ser contada plenamente por quem a viveu.

Fascinada por seu trabalho, passei a acompanhar tudo o que saía na mídia sobre ele, fazia uma garimpagem das notícias e depois discutíamos sobre elas. Ele dizia que era maravilhoso estar ao lado de uma mulher que amava, que achava linda e além de tudo gostava de um assunto árido como a política. Em contrapartida, ele também fazia pequenas coisas para me agradar. No início da relação, por exemplo, estava meio gordinho, e por achar que perder peso seria importante para mim, o que não é, procurou um médico no Rio e começou a dieta da proteína. Em pouco tempo estava nove quilos mais magro.

Em um início de semana, quando ele retornou de Alagoas, eu mandei um grande arranjo de girassóis para a liderança do partido. Ele amou, disse jamais ter sido tão mimado na vida. Passei a enviar flores e cartões sempre que possível. Ele fazia o mesmo. E assim fomos seguindo, nesse contínuo exercício de sedução, mimos e delicadezas diárias.

Da paixão veio o amor. E não demorou, pois sempre quis amar alguém que eu admirasse muito. Renan foi um menino pobre que lutou para se formar advogado, entrou na política batendo de frente contra as oligarquias de Alagoas, subiu na carreira por seu extremo comprometimento, sua inteligência e grande capacidade de articulação. Dizia que política era um sacerdócio. E assim ele foi me seduzindo, como já tinha feito com tanta gente antes de mim.

Um homem que convence o eleitor a elegê-lo por vários mandatos seguidos, conquista a confiança de seus companheiros para que o elevem a líder do partido, e depois a presidente do Senado, por que não pode seduzir uma mulher? Quem irá negar que o político é um especialista na arte da sedução? Se não fosse, não poderia persuadir, costurar acordos, conseguir a liberação de verbas, enfim, nunca sairia de sua cidade, nunca estaria em Brasília.

O Renan me seduziu e fiquei feliz por isso. Era sempre muito bom estarmos juntos. Como qualquer casal apaixonado, tínhamos nossos códigos, nossos momentos e nossas músicas. Além de *Eu Sei Que Vou Te Amar*, ele adorava *Marinheiro*, na voz da Adriana Calcanhoto, e dizia que queria ser livre como o personagem dessa canção. Eu o apresentei aos Tribalistas e ele ouvia o CD no carro, para surpresa de seu motorista, o Antonio, que estranhava um homem tão sisudo gostar de música jovem.

Nossa música marcante foi a do filme *Lisbela e o Prisioneiro*. A letra fala de pessoas que se querem, mas sofrem por não poder se unir. Misturávamos as nossas vozes com a do Caetano e cantávamos, baixinho, olhando no fundo dos olhos do outro: *Agora, que faço eu da vida sem você? Você não me ensinou a te esquecer. Você só me ensinou a te querer, e te querendo eu vou tentando me encontrar…*

Nosso primeiro dia dos namorados, como se o quiséssemos estender para sempre, foi comemorado desde o dia anterior. Em 11 de junho jantamos no restaurante Patu Anu, em meio a muitos outros casais, e tudo foi perfeito: troca de presentes, beijos e juras de amor às margens do lago Paranoá, com suas águas iluminadas por uma deslumbrante lua cheia.

Lembro-me que usava um vestido rosa-clarinho, decotado nas costas, e um creme que dava um tom dourado à pele. Invenções de mulher que adora uma novidade, ainda mais quando está apaixonada e querendo agradar o homem amado. Ele elogiou o vestido e ficou impressionado com os brilhinhos do creme, que grudavam no paletó do terno risca de giz azul-marinho que ele estreava naquela noite. No dia seguinte, comemoramos a sós.

Uma mulher percebe que é amada não só nos momentos de fascínio e entrega, mas nos instantes aparentemente banais, em que os espíritos estão desarmados, em que o homem permite aflorar o seu lado menino. Comigo, Renan despia a carapuça do circunspecto senador e se soltava, sorria muito, dizia que nunca tinha sido tão feliz, que fui a melhor coisa que aconteceu em sua vida.

Como um adolescente, fazia planos de viagens, mas que sua vida atribulada nunca permitia. Um de seus sonhos mais freqüentes era ir comigo para o Carnaval da Bahia. Não no camarote: queria ir no chão, no estilo sem lenço e sem documento. Totalmente largado. E me perguntava sempre: "Será que vamos continuar nos amando assim o resto da vida? Mesmo morando na mesma casa, será que vai continuar sendo tão maravilhoso?"

Uma vez, em um jantar com amigos, ele se mostrou orgulhoso de eu ter trabalhado na Globo e comandar uma produtora com tantos trabalhos realizados. Fez questão de contar ao ex-ministro dos transportes, Elizeu Padilha, que a Cristal tinha feito vários trabalhos para o seu ministério. Também relembrou ao presidente Sarney minha participação na campanha da Roseana. Por fim, alegre, brincava: "Porque alguém tem que trabalhar nessa família...".

Sim, não posso negar que eu sonhava construir uma família com o Renan. Mas baseada no amor, no carinho, no respeito e no entendimento. Ele me falava do sonho de ter uma menina. Acho que naquele momento eu estava exausta de crises sentimentais, amores malsucedidos, expectativas frustradas. O Renan parecia ser o homem que eu sempre mereci.

Nele eu só fui buscar a sensação de me sentir cuidada. Nada quis e nem esperei dele, além do amor. Nos outros aspectos, minha vida estava organizada, eu só precisava cuidar de minha filha e tocar a produtora, que já funcionava direitinho, com bons clientes e ótimas perspectivas. Já tinha realizado o sonho da casa própria. Um belo sonho, por sinal: um apartamento de quatro quartos, novo, em uma ótima quadra de Brasília. Nossa história tinha outra linguagem onde a palavra "interesse" não tinha lugar.

Mesmo após o desencadeamento da crise, no dia em que foi julgado por quebra de decoro, Renan fez um discurso no plenário dizendo que eu tinha uma produtora e que ele poderia muito bem ter dado filmes para eu fazer, mas isso nunca aconteceu e nem foi cogitado. A TV Senado terceiriza documentários, mas também nunca produzi ou trabalhei em um deles.

Muitos tentaram e tentam explicar o meu relacionamento com Renan. Alguns, depois de olhar bem para o meu rosto, perguntam: "Como uma mulher tão bonita como você pôde gostar de um homem tão feio como Renan?". Ouvi isso muitas vezes, a última de uma repórter da revista *Época*. Bem, em primeiro lugar, não sou tão linda e nem o Renan é tão feio. Depois, o que é mais importante: mulheres não gostam de homens somente pela beleza.

Vou confessar algo que não tinha intenção de colocar no livro, porque parece bobo, piegas, como uma adolescente falando, mas o fato é que amei o Renan loucamente, como jamais pensei ser capaz. Amei com a alma, com tudo que há de mais puro no meu ser. Durante muito tempo, não tê-lo por perto me doía mortalmente. Era visceral. Difícil explicar. Só quem sentiu algo semelhante pode entender. Há alguns anos eu não entenderia tanta paixão e tanto comprometimento com o outro. Talvez não volte a sentir algo semelhante, até por toda a dor que lembrar essa história me faz sentir. Mas chega um momento em que mesmo que a gente queira esconder, camuflar, a verdade se sobrepõe. E essa é, absolutamente, toda a minha verdade.

Se as pessoas se relacionassem apenas com quem tem um padrão estético semelhante, a encantadora Mia Farrow, após dividir a cama com

Frank Sinatra, aquele moreno de olhos azuis e voz incandescente, nunca poderia se casar com o raquítico, feio, desengonçado e paranóico Woody Allen. E Simone De Beauvoir, deusa de charme e sofisticação, jamais se apaixonaria pelo filósofo e escritor Jean Paul Sartre, um baluarte da inteligência. E da feiúra.

É até estranho escrever isso. Parece tão redundante! Sempre ouvi, de amigas e colegas, que beleza só é fundamental para o homem, pois a mulher procura outras qualidades. Imaginei que atenção, carinho, dedicação, elegância e inteligência fossem qualidades masculinas que o sexo feminino admirasse.

Enfim, buscaram-se variados motivos, todos desabonadores, para explicar minha atração pelo homem Renan Calheiros. Tentaram adivinhar tanto, que não enxergaram, bem diante dos olhos, a resposta simples e única de todas as perguntas. Quando, insatisfeitos com as respostas, insistiam em desvendar o mistério de nosso relacionamento, confesso que ficava acabrunhada, deprimida. Não só por mim, pois já estava conformada com os dissabores da situação, mas, principalmente, por constatar que as pessoas simplesmente pareciam não acreditar mais no amor. Todos queriam uma explicação racional, mas ela não existe.

Se não estivéssemos apaixonados, não teria durado tanto tempo, ele não teria se exposto de tal forma. Muitos dizem que da minha parte era interesse. Garanto que é mentira, eu não precisava do Renan para melhorar a minha condição financeira. Se fosse uma relação casual, momentânea ou escondida, por que eu teria participado de tantos momentos importantes no trabalho dele, de eventos do partido e tantos almoços e jantares com outros senadores?

Freqüentava sem constrangimento a liderança do PMDB no Senado, todos os funcionários já me conheciam e me tratavam com respeito. Ele ia freqüentemente à minha casa, correndo o risco de ser visto, como foi muitas vezes, pelos vizinhos. É possível imaginar um homem experiente como o Renan, convivendo com uma mulher qualquer, como se fosse um caso passageiro, e mesmo assim levando-a para o Senado e para o seu gabinete particular, sendo que lá ela estaria exposta à mídia, teria acesso e contato com ex-presidentes, ministros, outros senadores, deputados, enfim, seus colegas de trabalho?

Diversas vezes, após jantarmos, rodei com o Renan pela cidade e o deixei em sua casa, onde vivia com os filhos. É inacreditável pensar que ele faria isso mesmo sem ter uma relação de amor e comprometimento. Garanto que quem conviveu com a gente sabe perfeitamente que era amor e ponto.

Semente

Em dezembro de 2003 aconteceu algo que em qualquer situação é maravilhoso. Descobri que estava grávida, carregava no ventre o resultado de meu amor com Renan. Aprendi em casa e com a minha fé a respeitar a maternidade como uma dádiva. Gerar um filho é ser um pouco deus, nos traz a sensação de plenitude que só pode ser compreendida por outras mães.

Porém, aquilo que deveria me tornar mais amada, feliz e protegida, acabou por mudar radicalmente minha vida. De uma hora para outra, tudo se complicou. Renan estava em campanha para ser presidente do Senado, eu era reconhecida por ter sido apresentadora da TV Globo e manter uma produtora atuando no marketing político, mesmo segmento que o dele.

Quando contei sobre a gravidez, ele entrou em pânico. Dizia ser impossível. Afinal, argumentou, não éramos mais crianças. Fiquei muito triste com a sua reação. Pela primeira vez percebi que o amor era lindo, mas a política, para ele, era tudo. O poder valia mais do que o amor, mais do que uma vida nova. A conversa foi tensa. Ele só pensava nas conseqüências pessoais e nos prejuízos à sua imagem.

Parecia um filme. Eu não acreditava que o homem que eu amava, que de tão meigo comigo eu passei a chamar de "docinho", agia daquela forma tão racional diante de uma situação, que, para mim, era completamente emocional. Perdi o chão. Voltei para casa triste, com a cabeça vazia. A dor era tamanha que eu não conseguia pensar.

Como administrar a decepção? Como justificar para mim mesma que o amor não era o suficiente para manter uma relação? Como segurar a barra se você está grávida e, talvez, sozinha? Era final de ano, poucos dias antes do Natal. Aquele clima de festas só piorava a minha dor.

No dia seguinte, aguardei um telefonema ou algo parecido. Tinha sido um choque para ele, mas acreditava que ele caísse em si. Estávamos juntos há algum tempo, conhecia bem o Renan, ele não desapareceria assim. Mas ele sumiu por 20 dias. Não o procurei. Passou Natal, Réveillon e nada do Renan.

Tinha planos de passar o Natal em Belo Horizonte, com a família, mas estava tão arrasada que fiquei em Brasília. Sabia que chegando a BH, eu não conseguiria manter a calma e seria um terror. Levar a minha decepção para a casa dos meus pais justo no Natal não era boa idéia.

Queria dar a notícia da chegada da minha filha de outra forma, sentindo-me mais recomposta e feliz. Mesmo que ele não ficasse comigo, pelo menos eu queria estar mais inteira como ser humano. Pensava em ligar para ele todas as manhãs, mas o dia passava e a coragem acabava. Tinha medo de ser tratada de maneira distante como aconteceu no dia em que lhe dei a notícia da gravidez.

Em meados de janeiro, pela manhã, estava me arrumando para ir trabalhar e o celular tocou. Do outro lado, a voz que mais eu queria ouvir na vida. Renan, bem-humorado, me chamando de doutora Mônica. Sempre que ele estava tranqüilo, começava a conversa dizendo: "Como vai doutora?". De novo, o chão sumiu.

Conversamos um pouco e ele disse que precisava me ver. Marcamos um almoço. Assim que cheguei ao seu flat, nos olhamos longamente. Ele se explicou, disse que tinha sido um choque, que não esperava uma criança naquele momento, mas que jamais me abandonaria. Que me amava demais e que encontraríamos uma forma de administrar a novidade e a vinda de uma filha, sim, porque ele tinha certeza de que a menininha que ele tanto sonhou, enfim, estava a caminho.

Perguntou-me como eu me sentia, como era a sensação do bebê na barriga. Aquele era o Renan que eu conhecia tão bem e que estava de volta. E assim começamos a organizar a nova situação. Mas, depois daquele sumiço inesperado, algo dentro de mim se quebrou. Comecei a ficar com o pé atrás com ele. Uma vozinha dentro do meu peito dizia que algo não estava muito bem. Ele prometeu que depois da campanha do desarmamento se "organizaria", o que em bom português queria dizer que se separaria para ficarmos juntos. Sempre fazia esse tipo de promessa quando estávamos a sós. Mas dessa vez não acreditei.

Pouco tempo depois, decidimos que eu deveria me mudar para um lugar mais discreto e tranqüilo. Fizemos essa opção para preservar todos os envolvidos. Não queria que minha filha fosse motivo de curiosidade antes mesmo de nascer. Mas hoje, passados mais de três anos, tenho a clareza que o tempo traz. Renan queria mesmo que eu escondesse a gravidez para poupar sua imagem. Ele tinha sonhos que iam muito além do mandato de senador, de líder; ele já batalhava para ser o presidente do Senado. Caso não conseguisse a presidência, era, na época, o nome mais forte para ser governador de Alagoas.

Ele confiava em mim, sabia que o que combinássemos eu jamais descumpriria. Sabia que eu o amava, sabia que mesmo que meus colegas jornalistas me assediassem, apenas pedindo a confirmação da gravidez, eu não o trairia. Decidimos, então, que eu me mudaria para uma casa alugada no Lago Norte, e lá vivi como reclusa, preocupada em esconder minha gravidez. Compareci à produtora até o mês em que me mudei para a casa, enquanto as pessoas não puderam perceber minha barriga. Passei a ver pautas e coordenar o que era possível de casa.

É angustiante viver um momento tão especial, pelo qual algumas mulheres dariam tanto, sem poder dividi-lo com ninguém. Apenas minha irmã sabia. Porém, de alguma forma a informação chegou até uma colunista do *Jornal de Brasília*, por sinal minha colega de faculdade, e ela deu uma nota dizendo que eu estava grávida e a criança era filha do senador Renan Calheiros. Aquilo se alastrou como um terremoto.

Dizia a notícia, publicada em 10 de março de 2004:

> "A cegonha vai visitar o senador Renan Calheiros, líder do PMDB, em breve. A jornalista Mônica Veloso está grávida de quatro meses. Espera por uma menina. A paternidade é atribuída ao parlamentar alagoano."

Logo pela manhã um senador me ligou algumas vezes. Por volta das 9 horas o Renan também ligou e pediu que eu o encontrasse na casa desse senador. Fui até lá, cheguei pouco antes do meio-dia, e eles estavam me esperando. Sentaram ao meu lado e começaram a dizer o que eu tinha de fazer. Disseram que todos os grandes jornais de circulação nacional, formadores de opinião, já estavam sabendo. A matéria, caso eu não negasse, sairia no dia seguinte em forma de escândalo. Senti-me acuada como se tivesse cometido um crime. Não sabia o que fazer. Apenas ouvi e chorei.

Pediram-me para redigir uma nota, de próprio punho, negando que o filho fosse do Renan. Escrevi, chorando, ali mesmo o que quiseram. Um assessor do senador levou o envelope para a jornalista, que no dia seguinte deu o desmentido, mas em tom debochado, deixando transparecer que não acreditava na minha versão. E era óbvio que não poderia acreditar: a cidade toda estava acostumada a nos ver juntos; de repente eu apareço grávida e não confirmo a paternidade. Sim, porque eu disse que o filho não era do Renan, mas não disse de quem seria. Após entregar a nota, quando ficamos sozinhos, pela primeira vez vi o Renan chorar.

Senti-me pior. A ética do jornalista se baseia na verdade, e eu tinha mentido. Precisaria mesmo ter agido assim? Se eu era a parte mais fraca daquele episódio, que também envolvia um homem poderoso, era justo carregar tudo sozinha? Só hoje, tanto tempo depois, tenho a real dimensão de tudo que aconteceu naqueles dias. Como na música do Cazuza, sei que protegi o nome do Renan por amor.

Se havia alguém que estava desprotegida naquela história, era eu. Depois da nota no jornal, passei a receber ameaças por telefone. Falei com o Renan e ele concordou em contratar seguranças. Então, eu ficava em prisão domiciliar, e por mais sacrificante que tenha sido, acho que foi a melhor atitude, a mais inteligente. Por algum tempo, consegui proteger minhas filhas.

Sempre admirei mulheres corajosas, desafiadoras de tabus, mas na vida a gente faz o que dá conta. Talvez se eu fosse uma Leila Diniz, tivesse optado por mostrar a barriga e desafiar a sociedade. Mas não tinha forças para fazer isso. Estava muito fragilizada, insegura.

Em situações extremas, a gente perde a confiança nas pessoas, mesmo naquelas que nós amamos e que nos ama. Não sei por que, mas em determinado momento fiquei com medo de que Renan não reconhecesse espontaneamente nossa filha. Com o seu poder, ele bem que poderia se recusar a fazer o exame de DNA – o que não seria novidade, pois segundo matéria da *Isto É*, o vice-presidente José Alencar tem conseguido protelar indefinidamente o exame que deve confirmar sua paternidade de uma mulher nascida em Minas Gerais há 50 anos.

Então, para me precaver, apenas para o caso de ele se recusar a admitir a paternidade, gravei algumas conversas que tivemos durante a gravidez. Conversas normais, entre um homem e uma mulher que se relacionavam. Nunca usei esses diálogos para nada, muito menos para fazer chantagem, como foi insinuado em algumas matérias. Eu só queria não me sentir tão frágil diante do poder do Renan. Então, transcrevi o texto para o computador e gravei CDs com o áudio, que depois, por necessidade de esclarecimento dos fatos, foram entregues ao conselho de ética do Senado em julho de 2007, onde estão até hoje.

Como se atravessasse uma corredeira, batendo-me contra as pedras, até alcançar a outra margem, juntei minhas forças e voltei a trabalhar na produtora no final de 2004. Minha filha já tinha nascido, as coisas pareciam mais calmas, então eu poderia me concentrar novamente no trabalho, como sempre.

Continuamos nos relacionando. Ainda havia amor entre mim e Renan, sim, mas o encanto tinha acabado. Desde o final de 2003 eu sabia que ele, ao contrário do que me dizia, mantinha uma relação conjugal estável. Ninguém precisou me falar. Os fatos foram se confirmando. Quando tive certeza disso, com poucos dias de gravidez, senti como se uma montanha tivesse desabado sobre mim.

Quando olho para trás e me recordo da angústia daqueles dias, percebo que foi o instinto de sobrevivência, a consciência de que eu era e seria essencial para a felicidade das minhas filhas, que me deu coragem para superar aquele desafio colossal. Aprendi que quando a gente não tem escolhas, tira forças de lugares inimagináveis.

Aprendi também que tudo tem seu preço e um dia a fatura estará nos esperando para ser paga. Reconheço que errei ao não ter seguido minha intuição e terminado logo que soube que o Renan continuava casado. Deveria ter sugerido que cada um seguisse o seu caminho e agüentado as conseqüências. Mas escutei demais meu coração, e ele dizia para eu esperar, para ter paciência, que as coisas se acomodariam.

É impressionante como podemos nos apegar a um sonho, mesmo que dele reste muito pouco. Assim, após o nascimento de minha filha, continuamos nos vendo. Nenhuma mulher continua se dedicando a um homem casado sem ter a esperança de que uma hora poderão ficar juntos. Há muitas histórias assim, por que a minha não poderia ser mais uma delas?

O Renan continuava alimentando minha esperança. Ele dizia que eu era sua namorada. Eu respondia que não me considerava mais assim, que na realidade eu era sua amante, mas ele insistia na história da namorada. Continuava tentando manter um clima de sedução que já se perdera e tentava acreditar em suas próprias palavras como uma criança busca, desesperadamente, não perder a fé nos príncipes e nas fadas. Quando ficávamos alguns dias sem nos ver, ele repetia que seu amor só aumentava. "O amor não morre de inanição, ele pode morrer é de indigestão", costumava dizer.

Se houve uma viagem, não a fiz sozinha. O Renan foi meu companheiro, até o momento em que não conseguiu pagar o preço de sua vontade de ser feliz. Colocou sempre seus objetivos profissionais em primeiro lugar, como se fosse possível traçar um plano de carreira na convulsiva política nacional. A possibilidade de vivermos juntos era um castelo encantado cercado por uma floresta de espinhos, que representavam suas obrigações na família e no Senado. Em sua família ninguém podia se separar, ele dizia, pois isso a destruiria. Tinha receio do trauma que poderia provocar nos filhos.

Continuamos nos vendo até o final de 2005, e poderíamos prosseguir limitados a encontros fortuitos indefinidamente caso eu não decidisse terminar. Não me sobraram escolhas. Ou continuava esperando eternamente o momento de me tornar prioridade em sua vida, ou tratava de recomeçar a minha.

Renan nunca me disse claramente, mas senti que aquela situação não o incomodava. Ao contrário. Senti que para ele o ideal era manter as duas famílias, de forma que conservasse sua base familiar e a imagem respeitável de um homem casado, e ao mesmo tempo tivesse alguém com quem dividir suas paixões.

Estranho como algo a que nos apegamos tanto pode ser motivo de alívio quando o perdemos. Depois da última vez em que estivemos sozinhos, como um casal, voltei para casa e chorei loucamente, mas me senti leve. Fiquei leve. Decidi que a relação já não era boa para ninguém, nem mesmo para nossa filha. Colocaria as coisas em ordem e daria ao tempo a possibilidade de me ensinar novos caminhos.

A produtora tinha bons clientes e um rico portfólio; eu acionaria meus contatos e assim teria muitas possibilidades de entrar em concorrências, licitações, obter cartas-convite. Na época, tínhamos contas fixas suficientes para nos dar tranqüilidade. O trabalho, que nunca me assustou, novamente reassentaria minha vida. Ficou na boca um gosto de tempo perdido, mas sempre que eu chegava em casa e via minha filha caçula dormindo, entendia que tudo tem o seu propósito.

Além disso, ficam as lições que só podemos aprender com os erros. Talvez a mais importante delas é que essa pseudosegurança que todo mundo busca, principalmente as mulheres, não existe. Vivemos à procura de segurança, principalmente emocional, mas ela está em nós, não no outro. Você tem de procurar uma forma de encontrá-la dentro de você, na sua maneira de ver o mundo e a vida. Se não se sentir segura com as coisas que faz, não será o outro que lhe dará isso.

Medo

Um caso intenso de amor, a ponto de gerar uma filha, nunca poderá ser traduzido em números. Prefiro falar em emoções, versos, paisagens, do que recorrer a cifras e cálculos para contar uma história. Mas o meu lado jornalista rivaliza o tempo todo com a poeta que há em mim, o que vocês já devem ter notado. Algumas passagens voltam à minha memória como um filme romântico e podem ser descritas com ritmos e imagens próprios da poesia. Outras, porém, como as que iniciarei agora, exigem a precisão do jornalismo.

Confesso que não me sinto confortável ao tocar novamente nesse assunto, mas sei que meus leitores esperam uma versão definitiva sobre o tema que polemizou o Congresso Nacional. Enfim, quais foram os reais valores das pensões pagas pelo senador Renan Calheiros? Vamos a eles.

Desculpem o texto seco, sem figuras de linguagem, sem emoção. Recolho-me à obrigação de informar, apenas. Pois bem. Logo que fiquei grávida, em novembro de 2003, Renan concordou em pagar pensão mensal de oito mil reais, a partir de março de 2004, para garantir uma gravidez saudável e um parto tranqüilo, que eram direitos de sua filha, e também para compensar o fato de eu ter de abandonar o trabalho na produtora para esconder a barriga.

Ainda me mantive magra por uns cinco meses, mas depois fui forçada a deixar o escritório. Patrão paga, mas não tem licença-maternidade. Eu recebia um pró-labore bem superior a oito mil reais por mês e, obviamente, sem a minha presença física, o que é vital em uma produtora, os negócios caíram.

Em março de 2004, saiu a nota no *Jornal de Brasília*, o que deixou o Renan apavorado, e resolvemos que eu teria de me refugiar em um lugar mais calmo, com poucos vizinhos e longe da imprensa. Na quadra em que eu morava, a SQN 309, viviam muitos jornalistas e os do meu prédio já tinham visto o carro oficial estacionado e o próprio senador entrando e saindo do meu apartamento. Assim, mudei-me para uma casa no Lago Norte, com aluguel de quatro mil reais por mês. Ele fez um contrato de um ano e pagou adiantado.

Quando comecei a sofrer ameaças pelo telefone e tememos pela minha vida, e, por conseqüência, pela vida de minhas filhas, ele decidiu pagar dois mil e oitocentos reais por um serviço de segurança. Em março de 2005, vencido o contrato da casa do Lago e com a minha filha ainda bebê, mudei-me para um apartamento cujo aluguel também era de quatro mil reais.

Em dezembro de 2005, com o fim do nosso relacionamento, o Renan passou a pagar a pensão, via doc, a partir do Senado, mas reduziu o valor de oito para três mil reais. Acho que qualquer pessoa que tenha uma pensão reduzida em 67% brigará pelos seus direitos, até porque não eram meus, mas de sua filha.

Nossos advogados passaram vários meses de 2006 discutindo o assunto. Renan se mostrava inflexível e isso impedia um acordo. No final de 2006, decidi entrar com um pedido de revisão da pensão. Lembro-me bem que em fevereiro de 2007, próximo do dia em que o Renan foi reeleito presidente do Senado, recebi a notificação de que a audiência havia sido marcada para três meses depois.

Tive de encontrar uma coragem não sei de onde para pedir essa revisão. Sabia que o Renan, como pai, não como presidente do Senado, seria intimado a comparecer. Os dias que antecederam a audiência foram tensos. Eu sabia que alguma coisa estava se quebrando ali e não teria mais conserto. Aquilo representava uma mudança total de comportamento. Uma mulher que tinha se submetido a tudo por amor, protegido tanto o homem que idolatrava, estaria diante dele lutando, na justiça, por um direito. Tenho certeza de que ele não acreditava que eu iria até o fim, até a audiência. Ele pensava que era só pirraça de mulher.

Um senador tentou me convencer a deixar isso para lá, pois segundo ele o Renan era apaixonado por mim e tudo acabaria se ajeitando. Soltou uma frase ameaçadora no ar, dizendo que era um recado do Renan: "Diga a ela que fiz todos os ministros do supremo, tenho todos sob controle" (mais tarde eu soube que esse recado não passava de invenção do mensageiro). Nesse mesmo encontro, recebi a sugestão de que, se eu quisesse continuar com o caso, que trocasse de advogado, porque o doutor Pedro Calmon Filho era um "advogado de porta de cadeia". Meses depois, agradeci a Deus ter seguido minha intuição e não ter trocado de profissional, que além de muito competente, foi um escudo para mim, sabendo me preservar de muitos dissabores.

Uma semana antes da audiência, no dia 23 de maio, a revista *Veja* saiu com uma matéria que estremeceu Brasília. Nem era a matéria de capa, mas lá no canto superior da capa estava a pontinha do rastilho de pólvora que explodiria na semana seguinte. Ao lado de uma pequena foto de policiais da Polícia Federal carregando malotes, o título premonitório: "Operação Navalha, o choque maior ainda virá".

Nas páginas internas, lia-se a matéria apurada por Ricardo Brito, com texto final de Alexandre Oltramari e Policarpo Júnior: "Quadrilha de autoridades. Cai esquema de assalto às verbas públicas – e isso deixa Brasília de cabelo em pé". Nas fotos, além dos policiais, o empresário Zuleido

Veras, dono da empreiteira Gautama, acusado de liderar a quadrilha, e um retrato do senador Renan Calheiros, suspeito de ser um dos favorecidos pelo esquema.

Dois trechos da matéria tentavam evidenciar a aproximação do senador Renan Calheiros com o esquema fraudulento:

> No fim de 2005, Renan Calheiros liderou a tropa de choque que pressionou o presidente Lula a liberar 70 milhões de reais para as obras do sistema de abastecimento de água em Alagoas. As obras, crivadas de irregularidades, não podiam receber dinheiro, mas a pressão de Renan fez o governo editar uma MP liberando os recursos. As obras estão sendo feitas pela Gautama...

> Rosevaldo Melo é lobista da Gautama e é suspeito de pagar propinas em troca de obras para a empresa, em especial no Ministério da Integração Nacional. Conseguiu qualificar a Gautama para participar da licitação da transposição do Rio São Francisco, a obra mais cara do atual governo. Antes de virar lobista da Gautama, Melo trabalhava como secretário de Infra-Estrutura Hídrica do próprio Ministério da Integração Nacional, onde era tratado como afilhado político de Renan Calheiros. Quem o indicou para o cargo? "Foi o partido", responde o senador. Mas quem do partido? "O partido...".

Não havia dúvida de que a *Veja* prosseguiria nessa linha de investigação. A própria estrutura da matéria, com um repórter apenas apurando os fatos, para outros dois trabalharem o texto, mostrava que a revista não tivera tempo de escalar sua tropa de elite para o assunto, o que provavelmente faria na próxima edição. Diante dos fatos, nem eu nem meu advogado acreditávamos que o Renan comparecesse à audiência. Teríamos uma grande surpresa na sexta-feira seguinte.

Encontro

Óculos escuros, todos de preto, como se estivéssemos indo para um velório. A relação que havia começado entre os devaneios de um homem e uma mulher, em uma noite embalada por sorrisos, brindes, perfumes e aquele ar de fraternidade que impregna as festas de fim de ano, terminava como um testamento, em meio a leis, cifras, sobrancelhas crispadas e olhos vermelhos.

Seguíamos em dois carros. Eu e meu advogado Pedro Calmon Filho em um, meu irmão, minha irmã e os dois advogados Pedro Calmon (pai) e Frederico Vasconcelos no outro. A audiência estava marcada para o meio-dia na 4ª Vara de Família de Brasília. A princípio era para ser apenas uma audiência como tantas outras, para tratar dos valores de uma pensão. Mas estávamos todos tensos. Sabíamos que a revista *Veja*, que normalmente sai aos sábados, estava desde cedo nas bancas de Brasília com uma matéria de capa falando da Operação Navalha e levantando fortes suspeitas sobre o presidente do Senado, Renan Calheiros.

A capa mostrava uma navalha que acabara de ceifar Zuleido Veras, dono da empreiteira Gautama, e o ex-ministro Silas Rondeau, e se aproximava de Renan Calheiros. O título dizia: "Navalha na carne. O fio das operações anticorrupção já cortou Zuleido e Rondeau e agora chega perto do pescoço de Renan Calheiros, presidente do Senado". A matéria, escrita por Policarpo Júnior, mostrava que Renan e Claúdio Gontijo, da construtora Mendes Júnior, estavam ligados por íntimos laços financeiros:

> Desde que a Operação Navalha foi deflagrada, o senador Renan Calheiros, do PMDB de Alagoas, tem sido instado a explicar suas relações com o empreiteiro Zuleido Veras, dono da Gautama. O senador tem dito que são apenas conhecidos, mas são mais do que isso. Em 1990, o empreiteiro bancou sorrateiramente a campanha do senador ao governo de Alagoas e, embora tenha terminado em derrota, a eleição serviu como marco de uma amizade sólida. Sólida mesmo, a ponto de o empreiteiro freqüentar a residência oficial do presidente do Senado. A situação de Renan Calheiros, porém, é mais complicada do que sua intimidade com Zuleido Veras. É que o senador tem outro amigo explosivo no submundo da empreita que, tal como Zuleido, freqüenta sua casa e, tal como Zuleido, é seu dileto amigo. O amigo de alta octanagem é Cláudio Gontijo, lobista da construtora Mendes Júnior, uma das maiores do País. Nos últimos anos, Gontijo, mais do que um amigo, tem se apresentado no papel de mantenedor do senador. VEJA apurou os laços financeiros entre os dois:
>
> - *O lobista da Mendes Júnior coloca à disposição do senador um flat num dos melhores hotéis de Brasília, o Blue Tree. O flat, número 2.018, é usado para compromissos que exijam discrição. Está em nome de Cláudio Gontijo.*
> - *O lobista da Mendes Júnior pagou, até março passado, o aluguel de um apartamento em Brasília para o senador. O imóvel tem quatro quartos e fica em uma área nobre da capital federal. O aluguel saía por 4.500 reais.*
> - *O lobista pagava 12.000 reais mensais de pensão para uma filha do senador, de três anos de idade. A pensão foi bancada por Cláudio Gontijo de janeiro de 2004 a dezembro do ano passado.*
> - *O lobista ajuda nas campanhas do senador Renan Calheiros e nas de sua família. Já ajudou o próprio senador, seu filho e seu irmão.*

Das mãos de Cláudio Gontijo é que recebi, durante quase dois anos – entre março de 2004 e novembro de 2005 –, a pensão devida por Renan. Sempre em dinheiro vivo. Renan dizia que o dinheiro era dele, mas preferia que o Cláudio pagasse, para ele não se expor. Ao ler a matéria de *Veja*, me senti no olho do furacão. Um parágrafo imenso falava de mim:

> O senador Renan Calheiros caiu nas graças do lobista. Nos últimos três anos, a pedido de Renan, o lobista pagou os 4.500 reais de aluguel do apartamento de quatro quartos. No imóvel, até recentemente, morava a jornalista Mônica Veloso, com quem o senador tem uma filha de 3 anos, que recebe a pensão do lobista. Todos os meses, a jornalista ia ao escritório da Mendes Júnior, no 11º andar do Edifício OAB, situado na Asa Sul, onde pegava um envelope branco, timbrado, com o endereço, os telefones e o nome de Cláudio Gontijo. O envelope era identificado com suas iniciais – MV. Dentro havia sempre 16.500 reais. Era o aluguel mais a pensão de 12.000 reais para a criança. VEJA teve acesso ao contrato de locação do imóvel. Nele, Gontijo assina como fiador. Seguindo orientação do senador, o lobista contratou uma empresa de vigilância para garantir a segurança de Mônica Veloso e sua filha. A direção da Mendes Júnior diz que isso tudo é "questão pessoal" de Gontijo e que desconhece esses pagamentos. Procurada por VEJA, Mônica Veloso preferiu não se manifestar.

Como jornalista, eu sabia muito bem que a *Veja* representa para a imprensa escrita o que o Jornal Nacional é para a tevê: um implacável formador de opinião, incapaz de desistir de um caso enquanto não consegue esclarecer tudo. Naquele momento eu queria estar longe dali. Num relance avaliei se todo aquele desgaste valia a pena, se não era melhor reunir os cacos e tocar a vida, como se Maria Catharina nem tivesse pai.

Mas, por outro lado, há um destemor que aparece justamente quando estamos mais acuados. E quando ele surge, você não se pergunta se não é uma temeridade enfrentar um dos homens mais poderosos da política brasileira, um dos soberanos da corte de Brasília. Você só pensa no que é certo, no que é justo, e no exemplo que deve deixar para seus filhos.

Diminuímos a marcha ao nos aproximar do tribunal. Gelei ao reconhecer os carros de link do SBT, da Globo, da Record e de outras tevês. Havia um amontoado de repórteres à porta, nos esperando. Procuramos por uma entrada lateral, mas ela estava fechada e o porteiro avisou que só poderia abri-la ao meio-dia. Uma repórter da *Folha* foi a primeira a se aproximar e tentou falar comigo, mas o Pedro avisou que eu não falaria. Logo outros jornalistas se aproximaram, alguns traziam a *Veja*. Ficamos encurralados e, felizmente, o guarda permitiu que entrássemos.

Os corredores próximos à sala de audiência tinham tanta gente que ela foi transferida para outro andar. Prosseguimos tentando nos locomover em meio àquele tumulto. Cada repórter com quem esbarrávamos queria fazer uma pergunta. Finalmente, chegamos ao andar certo e tivemos de entrar direto na sala de audiência a fim de fugir da confusão do corredor. Renan, por sua vez, após entrar pela garagem, com toda a segurança e discrição possíveis, estava aguardando, com seus advogados, na ante-sala.

Eu e meus advogados fomos os primeiros a sentar à mesa. Logo em seguida chegou o doutor Paulo Baeta, advogado de Renan. Mais algum tempo e a juíza e uma assessora entraram na sala. Por fim, o Renan saiu da ante-sala e, ao lado do doutor Eduardo Ferrão, veio se juntar a nós.

Cumprimentamo-nos civilizadamente, mas a tensão se espalhava por todos os centímetros da sala. Meu coração palpitava e a boca estava tão seca que eu precisava beber água sempre que ia falar. Naquelas três horas terríveis que ficamos ali, um de frente para o outro, passou um filme na minha cabeça com os momentos mais bonitos de nossa relação. Um envolvimento entre duas pessoas apaixonadas, que por um momento acreditaram que estavam construindo algo duradouro, nunca poderia ter acabado assim.

Chegou-se, finalmente, a um acordo sobre a pensão. Diante dos fatos, a juíza decidiu por um valor e houve o consenso. Era só isso que eu buscava. Deveria ter ficado satisfeita e saído dali radiante, mas o ambiente opressor de um tribunal não pode deixar ninguém feliz, a não ser que esteja sendo absolvido por um crime que não cometeu, que não era o meu caso. Além disso, algo me dizia que eu estava entrando em outro processo ainda mais difícil de suportar. Aqueles jornalistas, isso eu sabia bem, não parariam a caçada por ali.

Tivemos de sair pela garagem, tentando nos esconder. O tumulto era enorme. Essas situações de pressão, gritos e barulho me desequilibram totalmente. Estou tentando, mas não consigo lembrar exatamente de como me sentia e o que estava pensando no momento em que saíamos do prédio. Deveria estar aliviada, ao menos por oficializar algo que representava uma garantia para o futuro de minha filha – não só pela pensão, mas, principalmente, pela certeza de que terá um pai, vivo e presente acompanhando sua evolução.

Por outro lado, estava feliz comigo mesma de não ter me calado mais uma vez, de não ter me escondido para, novamente, proteger o Renan, como se tudo e todos à sua volta tivessem que se anular para que ele brilhasse. Minha atitude foi o mesmo que dizer: "Sua imagem pública agora é um problema só seu. Eu preciso cuidar de mim, levar a vida para frente".

Tive um sono agitado aquela noite. Fiquei até tarde ruminando tudo o que tinha acontecido na minha vida desde que conheci o Renan, pesando as coisas boas e ruins, fazendo um balanço. Recordei-me da noite em que cheguei em casa pensando em terminar e minha irmã me convenceu de que finalmente tinha encontrado o homem da minha vida. Lembrei-me de quando ele dizia se orgulhar de mim como jornalista e dona de uma produtora. Lembrei-me, é claro, dos momentos de carinho e ternura juntos, só nossos.

Não sou de lembrar os sonhos quando acordo, mas o daquela noite estava tão vivo e foi tão estranho que acordei chorando. Nele, eu estava sozinha, toda de branco, em frente ao prédio do Parlamento. Não se via ninguém nas ruas, mas eu pressentia que elas estavam no interior dos edifícios. Pareciam esconder-se de mim. Brasília estava muda, cinzenta, como se já fizesse parte do meu passado. Nisso surgiu um carro, veloz, que passou por mim e buzinou. Acordei.

Era o interfone. Uma repórter perguntava se podia subir ao meu apartamento para uma entrevista. Claro que não! Fiquei petrificada. Percebi que o pesadelo não terminaria tão cedo. Minutos depois o telefone tocou. Era o Pedro, meu advogado. Dizia que minha foto estava na capa de todos os jornais. Só pude dizer "meu Deus" e cair na poltrona.

Pressão

Eu já deveria saber, por ser jornalista e ao mesmo tempo conhecer bem o meio político, como os escândalos são tratados por esses dois lados. Um não costuma perder oportunidades de um furo, ou de uma matéria bombástica, que venda nas bancas, dê ibope e vire referência. O outro, conhecendo essa particularidade da mídia, planta notícias, insinua coisas, tenta confundir o público.

Desde a manhã do sábado, após a audiência, pressenti que meu nome também poderia ser jogado naquele redemoinho de acusações e boatos. As investigações sobre a Operação Navalha já vinham sendo feitas há muito tempo. A *Veja* estava a par de todas as investigações da Polícia Federal e, pelo cuidado natural que o jornalista deve ter em não gerar processos de calúnia e difamação, esperou o momento certo para sair com a história completa. Apenas isso.

A ânsia do governo em aumentar o time de aliados incentivou o lobby e o suborno em Brasília. Todo mundo já sabia disso. No dia 15 de novembro de 2006, portanto seis meses antes de minha audiência, a revista *Veja* tinha mostrado como funcionavam as negociações para ampliar os cargos do partido no governo. Escrita por Diego Escosteguy, a matéria já associava Cláudio Gontijo ao presidente do Senado:

> Outro focado em ampliar a massa de competência do governo é o lobista Cláudio Gontijo, que presta serviços à empreiteira Mendes Júnior em Brasília. Ele é um dos braços do PMDB empenhados em fazer o melhor possível para o país nas estatais do setor elétrico – em que o partido já é forte, mas quer

ficar mais forte ainda. Gontijo conhece bem o atual presidente da Eletrobrás, Aloisio Vasconcelos Novais. Quando não está consumindo energias em descobrir formas de ajudar o governo, Gontijo pode ser visto nos jantares oferecidos pelo senador Renan Calheiros em sua residência oficial.

Se você é uma mulher discutindo um direito muito particular, que é uma pensão alimentícia, o caso fica entre você e a pessoa com quem se relacionou, e ninguém mete a colher. Você nem vai admitir que metam, e com razão. Agora, se o homem em questão é o presidente do Senado e faz parte da liderança de um partido importante, então parece que você dividiu o País entre jacobinos e girondinos, blancos e colorados, ou coisa que o valha.

Quem apóia Renan politicamente sentiu-se na obrigação de apoiá-lo como homem e, obviamente, difamar a mulher com quem ele se relacionou. Quem lhe faz oposição mostrou-se mais simpático à minha causa, como se estivesse em discussão uma emenda do orçamento, e não um caso comum, humano, que nada tem a ver com política. Essa bipolarização também aconteceu na imprensa.

Parte da mídia insistiu em me depreciar, contra todos os fatos. O velho enredo baseado no estereótipo da mulher jovem, bonita e fogosa que seduz um senhor de meia-idade pouco interessante fisicamente, porém rico, foi adotado sem reservas por alguns, felizmente raros. Se ouvissem os dois lados, poderiam ter substituído a fantasia pela realidade.

Uma semana depois da audiência, exausta, mas feliz por estar descansando com minhas filhas e minha família em Belo Horizonte, atendo o telefone e o Pedro, meu advogado, pergunta se li a *Isto É*. Digo que não e ele então lê para mim. Choro, fico indignada. Como uma revista conceituada como a *Isto É* dá uma matéria dessas? Desobedecendo a cartilha do bom jornalismo, o repórter Rudolfo Lago ouviu apenas o senador Renan e, sem checar as informações prestadas pelo presidente do Senado, chegou a duas conclusões levianas e injuriosas: que eu estava chantageando o Renan há anos, e que o senador provaria tranqüilamente que pagava a pensão de sua filha com recursos próprios.

Sobre mim, a *Isto É* dizia: *"O que, porém, foi revelado ao longo da semana sobre a sua [de Renan] relação com a jornalista, está muito próximo do 'ato de extorquir dinheiro, favores ou vantagens de alguém sob ameaça de revelações escandalosas ou secretas'. Essa é a definição de chantagem no Dicionário Aurélio"*. Eu só digo que antes de consultar o dicionário, um repórter tem de ouvir as fontes da notícia. Quem quer chantagear não vai à justiça para corrigir uma pensão.

Sobre o Renan, a mesma matéria era bem mais condescendente: *"Enquanto juntava os documentos que comprovariam que pagara pensão com recursos próprios, Renan se inspirava com o livro em que Hillary Clinton conta a sua versão do drama semelhante. 'Foi humilhante eu, da presidência do Senado, ter que confessar um pecado', desabafou Renan a* Isto É. Bem, Renan não conseguiu provar que pagava a pensão com recursos próprios. A comparação com Hillary Clinton também não cabe, pois ela é quem foi traída no casamento. Finalmente, não creio que a humilhação do senador tenha sido maior do que a de uma mulher que carregou uma filha na barriga e teve de se esconder, como se fosse uma criminosa.

Trabalhei a vida inteira com informação e sei o quanto é importante não se calar, não consentir que a mentira se alastre, pois depois que ela cria raízes, é difícil extirpá-la. Tinha prometido a mim mesma que não tocaria mais no assunto, mas o silêncio me tornava uma vítima passiva. A cada vez que abria um jornal ou ligava a tevê, me deparava com uma nova versão da história.

Um dia, assistindo a um telejornal, não acreditei no que vi e ouvi. O Fábio Pannunzio, com quem trabalhei durante anos, me esculhambava, me chamava de alpinista social. Fiquei pensando no que tinha dado na cabeça dele de fazer uma matéria daquelas sem me ouvir. Infelizmente, não foi o único. Aquilo me destruía. Não conseguia comer, só chorava.

Não sei se algumas pessoas se tornam tão cruéis porque imaginam que você não vai se levantar mais, está derrotada para sempre, como esses peixes feridos, que acabam devorados pelos da mesma espécie. Aprendi também que, sob pressão, as pessoas podem inventar, caluniar, esquecer o comprometimento que têm com o outro.

Voz

No mesmo 6 de junho em que a *Isto É* saiu com a matéria que me tratava como chantagista, a *Veja* deu uma chamada de capa falando novamente da estreita amizade entre Renan e Gontijo. Na semana seguinte, a redação da revista entrou novamente em contato comigo pedindo uma entrevista exclusiva. Eu já tinha recusado antes, mas desta vez precisava falar, ou iria explodir.

Não foi uma grande entrevista, eu estava presa, acuada, mas ao menos botei a cara para fora, dei minha versão dos fatos. No dia 13 de junho a *Veja* foi às bancas com uma bela foto minha na capa e o título: "As Revelações de Mônica Veloso". A entrevista, feita por Policarpo Júnior, foi publicada junto com a reportagem de Otávio Cabral. Ambos, Policarpo e Otávio, já estavam acompanhando as investigações com os lobistas há algum tempo. Como foi a primeira, e a entrevista mais reveladora que dei sobre o episódio, creio ser relevante reproduzi-la:

> *Há duas semanas, VEJA revelou que o senador Renan Calheiros, do PMDB de Alagoas, teve algumas de suas despesas pessoais pagas por Cláudio Gontijo, lobista da construtora Mendes Júnior. O senador recorreu aos préstimos financeiros do lobista para pagar a pensão e o aluguel da jornalista Mônica Veloso, com quem tem uma filha de três anos. Desde então, todos os personagens do caso já se manifestaram publicamente. O senador admitiu que pediu ao lobista que atuasse como intermediário entre ele e a jornalista, mas garantiu que o dinheiro era seu. O lobista, em depoimento no Senado, confirmou a versão do senador. Até a esposa de Calheiros, Verônica, falou so-*

bre o caso, embora tenha discorrido sobre o romance extraconjugal do senador, assunto que só interessa a ela e ao seu marido, e não tenha dito mais do que uma palavra sobre a origem do dinheiro que bancava a pensão e o aluguel, assunto, esse sim, que interessa ao país.

A única personagem que ainda não havia contado sua versão resolveu falar. A jornalista Mônica Veloso, 38 anos, em entrevista exclusiva a VEJA, conta que:

- *o dinheiro que recebia era sempre pago pelo lobista da Mendes Júnior;*
- *os pagamentos eram sempre em dinheiro vivo;*
- *como regra, os pagamentos eram feitos no escritório da Mendes Júnior em Brasília. Poucas vezes aconteceram fora dali;*
- *Renan Calheiros nunca falava de dinheiro e nunca lhe dissera que o dinheiro era dele;*
- *sempre que tinha de tratar de dinheiro, o interlocutor era o lobista Cláudio Gontijo, nunca o senador.*

Mônica Veloso diz que decidiu falar para se defender do fato de estar sendo apresentada como "uma pessoa desclassificada". Ela diz: "Falam como se eu não tivesse profissão, nem família, nem meio de vida, como se fosse uma chantagista. Tenho uma produtora, casa própria, profissão. Eu não freqüentava o mundo político indo a festas. Eu era jornalista da TV Globo. Não havia como não conhecer os políticos. Quando montei minha produtora, fiz muitos contatos no Ministério da Integração Nacional, das Minas e Energia, da Educação, na Eletronorte. Fazia programas para o PTB, o PMDB. Conheci o Renan trabalhando, não indo a festas. Quando engravidei, achamos melhor eu me afastar de tudo. Depois, fui voltando aos poucos. Tudo acordado com ele. Eu sempre protegi o Renan".

A senhora recebia dinheiro das mãos do lobista Cláudio Gontijo?

Sim, recebi durante quase dois anos.

Quando foi a primeira vez?

Foi entre fevereiro e março de 2004.

Os pagamentos seguiram até quando?

Até novembro de 2005.

O dinheiro pertencia a quem?

Não sei. Renan está dizendo agora que o dinheiro era dele, mas ele nunca me disse isso antes.

O ASSASSINATO DE JFK
Um tiro nas teorias conspiratórias
VIDA ARTIFICIAL
As criaturas biossintéticas
VENEZUELA
A riqueza dos chavistas
Abril
Editora ABRIL
edição 2012 - ano 40 - nº 23
13 de junho de 2007
veja
www.veja.com.br
RENANGATE
AS REVELAÇÕES DE
MÔNICA VELOSO
"Os advogados de Renan apareceram com duas sacolas de dinheiro"
A intimidade do lobista com as finanças de Renan
EXEMPLAR DE ASSINANTE VENDA PROIBIDA

A senhora perguntou?

Não, eu recebia uma pensão e não fazia sentido perguntar de onde vinha o dinheiro. Isso parece importante agora por causa desse turbilhão, mas para mim não era. Eu pegava o dinheiro com o Cláudio e ponto. Não ia ficar questionando.

A senhora falava de dinheiro com o senador?

Nunca falávamos de dinheiro. Assunto de dinheiro era sempre com o Cláudio.

Onde a senhora pegava o dinheiro?

Na maioria das vezes, era no escritório da Mendes Júnior. Mas houve várias formas. Nos últimos meses da gravidez (a criança nasceu em julho de 2004) e no período do resguardo, o Cláudio me entregava os envelopes com dinheiro na minha casa, na minha produtora... Mas, depois disso, eu ia buscar o dinheiro na Mendes Júnior e o depositava na minha conta. Não tenho o costume de guardar dinheiro debaixo do colchão.

A senhora pegava o dinheiro na portaria do edifício da Mendes Júnior ou entrava no escritório?

Eu chegava ao prédio e me identificava na portaria. Eles anotam nome, identidade, hora e a sala aonde você vai. Se eles guardaram esses registros, é só conferir que minhas entradas estarão todas lá. Eu pegava o elevador até o 11° andar. Lá, me anunciava no interfone e a secretária abria a porta do escritório.

Como era repassado o dinheiro?

Cláudio me recebia na sala dele e me entregava o envelope. Alguns envelopes tinham o logotipo da Mendes Júnior.

Havia dia certo para pegar o dinheiro?

Era sempre no início do mês, mas não tinha dia certo. Às vezes era no dia 4, no dia 5, no dia 8. Eu ligava para o Cláudio e perguntava se podia passar lá.

O dinheiro não era depositado na sua conta?

Não, eu sempre pegava um envelope com dinheiro vivo.

Na terça-feira passada, o corregedor do Senado, Romeu Tuma, ouviu o depoimento do lobista Cláudio Gontijo. A conversa foi a portas fechadas e durou cerca de duas horas. Conforme o relato de Tuma, o lobista negou que ti-

vesse custeado com seu dinheiro as despesas com a jornalista e confirmou que se encarregava dos repasses financeiros – ressalvando que fazia depósitos na conta da jornalista. "A maioria foi depósito no banco, parece que no Unibanco", disse Tuma. Como se vê, a jornalista desmente o lobista. Curiosamente, até o senador Renan Calheiros já desmentiu o lobista. Em resposta dada por escrito a VEJA há uma semana, o senador admitiu que os repasses à jornalista eram em dinheiro vivo. O único que parece ter acreditado no lobista é o senador Tuma. "Gontijo foi convincente, sereno, tranqüilo", disse. Tuma, policial experiente que chegou a chefiar a Polícia Federal, não teve curiosidade de pedir ao lobista seus extratos bancários, com os quais poderia provar que nada sacou de suas contas pessoais para pagar à jornalista. Tuma apenas pediu ao lobista os recibos de depósitos em favor da jornalista. Surpreendentemente, o lobista disse que não tem nenhum recibo, que depositou o dinheiro sem se identificar, e não guardou nem os registros anônimos.

Em vez de pedir provas materiais ao lobista, o senador Tuma, numa inversão do ônus da prova, disse que gostaria de ver os extratos da jornalista para verificar a existência dos supostos depósitos do lobista. Chama atenção que o senador tenha apelado para tamanha tolice: claro que há depósitos na conta da jornalista, pois ela mesma os fazia; o fundamental é cobrar a prova do lobista de que ele foi o autor dos depósitos. No dia seguinte ao do depoimento do lobista, o advogado da jornalista, Pedro Calmon Filho, mandou carta a Tuma reafirmando que os repasses eram em dinheiro vivo e ofereceu os extratos de sua cliente, com uma condição elementar: se o lobista apresentar os recibos dos tais depósitos, a jornalista exibirá seus extratos. Até a sexta-feira passada, o lobista não respondera ao desafio.

A senhora disse que começou a receber dinheiro das mãos de Cláudio Gontijo entre fevereiro e março de 2004. Qual foi esse primeiro pagamento?

Eu estava deixando o apartamento onde morava e alugando uma casa no Lago Norte. Ficou combinado que o aluguel de um ano seria pago adiantado. O Cláudio foi ao edifício onde eu ainda morava e me deu um envelope com o dinheiro.

Quanto?

Salvo engano, 40.000 reais. Fui à imobiliária e paguei o ano inteiro do aluguel.

Que outros valores o lobista lhe repassava?

Na mesma data em que me mudei para a casa do Lago Norte, acertamos que as despesas decorrentes da mudança seriam de 8.000 reais por mês.

Com quem a senhora fez esse acerto?

Com o Cláudio e o Renan. Depois disso, o Renan nunca mais tocou em assunto de dinheiro. Quero deixar claro que a pensão não foi estabelecida para me sustentar. Sempre tive uma boa condição financeira. Tenho minha empresa de comunicação, tinha contrato com órgãos importantes do governo. Os 8.000 reais foram acertados para me adaptar às novas circunstâncias de uma gravidez que devia ser mantida com discrição. Eu morava num apartamento que me pertence até hoje e fui morar numa casa alugada para fazer essa adaptação.

A senhora sempre recebeu 8.000 reais?

Nem sempre. Houve um período em que o Cláudio pagou 2.800 reais de despesas com uma empresa de segurança. Essa despesa apareceu logo depois do parto da minha filha. Eu estava recebendo telefonemas com ameaças anônimas. Fiquei com medo, procurei o Renan e ele me orientou a tratar com o Cláudio. Eu fiz um levantamento das empresas e o Cláudio ficou com a parte financeira.

O contrato da casa no Lago Norte era por três anos. Por que a senhora saiu depois de um ano?

Porque as ameaças não pararam. Em março de 2005, resolvi alugar um apartamento, onde sentisse mais segurança.

Gontijo pagava esse aluguel?

Sim, era de 4.000 reais. De março de 2005 em diante, ele me entregou a pensão e o aluguel. Os envelopes passaram a ter 12.000 reais. Isso durou até novembro de 2005.

Recapitulando-se a descrição de Mônica Veloso, tem-se que ela recebeu dinheiro de março de 2004 a novembro de 2005. Começou com 40.000 reais para pagar um ano de aluguel antecipadamente – na verdade, 43.200 reais, pagos em 15 de março de 2004, conforme recibo da imobiliária. Além disso, ela recebeu pensão mensal de 8.000 reais e, de agosto de 2004 a março de 2005, mais 2.800 reais para pagar a empresa de segurança. De março de 2005 em diante, quando trocou a casa pelo apartamento, além da pensão de 8.000, fo-

ram incorporados 4.000 reais para o aluguel, num total de 12.000 reais. São essas despesas que Renan Calheiros garante que saíram de seu bolso. Na semana passada, VEJA teve acesso aos extratos bancários que o senador entregou no Senado. Os extratos provam que ele tinha recursos para arcar com as despesas, mas a movimentação bancária compromete sua defesa: os saques em dinheiro quase nunca conferem com as datas em que a jornalista recebia os recursos.

O caso mais gritante de descompasso é o dos 43.200 reais que, em 15 de março de 2004, saldaram um ano de aluguel da casa. Na primeira quinzena de março daquele ano, Calheiros fez cinco saques em dinheiro de sua conta no Banco do Brasil. Somam 18.550 reais. É dinheiro insuficiente para o aluguel de um ano. Admitindo-se que o senador tenha sacado o dinheiro no mês anterior, ainda assim a conta não fecha. Em fevereiro, o senador fez três saques, somando 11.450 reais. Ainda é pouco. Recue-se então até janeiro. Nesse mês, o senador fez quatro saques em dinheiro, totalizando 18.305 reais. Enfim, somando-se todos os saques de janeiro, de fevereiro e da primeira quinzena de março, chega-se a 48.305 reais. Sim, dava para pagar os 43.200 do aluguel de um ano, mas sobram só 5.000 reais. E, além do aluguel de um ano, o senador tinha de bancar a pensão de 8.000 reais. Portanto, definitivamente, o dinheiro não saiu de suas contas. Saiu de onde?

Os extratos também trazem notícias ruins para o senador quando se tenta localizar ali outros pagamentos à jornalista. De agosto de 2004 a março de 2005, por exemplo, ela recebeu 8.000 reais de pensão e 2.800 reais para pagar sua segurança, o que resulta em 10.800 reais. A pensão era paga no início do mês. A empresa de segurança, conforme consta do contrato, recebia até o quinto dia útil do mês. Pois os extratos do senador não têm saques em dinheiro no valor de 10.800 reais, nem estendendo-se a consulta até o dia 10 de cada mês. Em agosto de 2004, o senador fez um saque alto em dinheiro, de 32.000 reais, mas só no dia 16, quando tudo, pensão e segurança, já havia vencido. No mês seguinte, não há saque em dinheiro. Em outubro, há apenas um, de 4.120 reais, insuficiente para as despesas. Em novembro, não há saque em dinheiro de novo. Em dezembro, idem. A pergunta que resta é: de onde saíam os 10.800 reais?

Os extratos mostram que o senador movimenta muito dinheiro e sempre saca mediante a apresentação de cheques na boca do caixa. Nunca usa cai-

xa eletrônico nem terminais de auto-atendimento. Há saques altos, de 50.000 ou 100.000 reais em dinheiro vivo. Como as datas das retiradas não conferem com as dos pagamentos à jornalista, mas há saques de valores expressivos, o senador poderá alegar que pegou o dinheiro e guardou-o em casa por dias, por semanas, às vezes por meses, até chegar a hora do pagamento. Faz sentido matemático, mas não faz nenhum sentido prático. É difícil acreditar que, num país com tantas aplicações financeiras e uma taxa de juros tão apetitosa, alguém julgue atraente deixar dinheiro em casa sem rendimento. Renan fazia isso?

Em dezembro de 2005, o senador reconheceu a paternidade de sua filha e passou a pagar pensão de 3 000 reais. Por que o valor caiu de 8.000 para 3.000?

Porque o salário do Renan no Senado era de 12.000. Ele não podia pagar 8.000 de pensão e 4.000 de aluguel.

Mas o senador tem rendimentos agropecuários.

Não posso revelar mais detalhes sobre isso porque o processo judicial é sigiloso. Posso dizer que ele pagou 3.000 reais, descontados na folha salarial, até maio de 2006, quando fizemos um acordo. Como antes eu recebia 12.000 e passei a receber só 3.000, tinha uma diferença. Renan concordou em pagar 100.000 reais.

Os 100.000 reais não eram um fundo de educação para a filha de vocês?

Nunca houve esse fundo. Os nossos advogados chegaram a um acordo para compensar a diferença. Os advogados de Renan pediram que no recibo saísse que era um fundo. Na verdade, nunca foi isso. Eu não tinha outra opção. Ou aceitava isso ou não recebia nada. Não havia razões para rejeitar. O pagamento foi feito em duas parcelas de 50.000 reais, em dinheiro vivo.

Por que dinheiro vivo?

Os advogados dele (refere-se ao senador) é que apareceram com duas sacolas de dinheiro...

Nos extratos bancários de Calheiros, encontram-se os saques em dinheiro para pagar os 100.000 reais – mas, de novo, é preciso crer que o senador tinha o hábito de esconder dinheiro sob o colchão. A primeira parcela, de 50.000 reais, foi paga em 24 de maio de 2006. As retiradas feitas antes disso dão de sobra. O senador sacou 106.000 reais no dia 3 de maio e, seis dias de-

pois, mais 15.000 reais. Ao todo, dá 121.000 reais. No dia 24, portanto, tinha os 50.000 reais para pagar à mãe de sua filha e ainda sobraram 71.000 reais. O curioso é o que acontece na hora de pagar a segunda parcela de 50.000 reais, em 27 de junho. No mês de junho, a conta do senador registrou só dois saques em dinheiro, num total de 25.000 reais. Para dispor de 50.000 reais no dia 27, o senador teve de recorrer às retiradas feitas no mês anterior. Isso significa que sacou no início de maio uma montanha de dinheiro que só seria usada no fim do mês seguinte. Ficou quase dois meses com dinheiro sob o colchão. É possível, claro, mas é altamente improvável.

A senhora encontrou o senador num flat de Gontijo no hotel Blue Tree?

Sim, várias vezes.

O senador tinha um flat no mesmo hotel. Por que vocês usavam o do lobista?

Pergunte para o Renan.

Até quando a senhora se encontrou com o senador?

Nossa relação durou até dezembro de 2005.

Então, se o senador quisesse, até dezembro de 2005, ele mesmo poderia lhe entregar o dinheiro?

Nós nos encontramos até dezembro de 2005. Foram três anos de uma relação intensa, que começou quando ele ainda era líder do PMDB (o senador foi líder do partido de fevereiro de 2001 a fevereiro de 2005) e continuou depois que foi eleito presidente do Senado. Até dezembro de 2005, quando houve o reconhecimento da paternidade, foi uma relação tranqüila e, ao contrário do que disseram, não era eventual.

Mas então o senador poderia lhe repassar dinheiro sem recorrer ao lobista?

Ficávamos a sós, se é isso que você quer saber.

Qual é a sua relação com Gontijo?

Nenhuma. Não somos amigos. Conheci o Cláudio por meio do Renan em meados de 2003. Nunca o tinha visto antes. Ele não é da minha área, que é comunicação, publicidade. Depois de novembro de 2005, quando a pensão passou a ser paga com desconto no salário do Renan, o Cláudio sumiu. Nunca mais trocamos nem um telefonema.

A alegação do senador Calheiros para ter recorrido ao lobista da Mendes Júnior é que, tendo um caso extraconjugal, precisava fazer os pagamentos de modo discreto. Recorreu ao lobista porque ele era amigo das duas partes. Mônica diz que não era amiga do lobista, e, se fala a verdade quando informa que seus encontros com o senador duraram até o fim de 2005, cai outra alegação. Se houve encontros até 2005, o senador poderia ter levado, ele mesmo, o dinheiro a ela. Tudo indica que, em sua solene defesa no Senado, Renan Calheiros mentiu para seus pares.

A entrevista de Mônica, associada ao depoimento do lobista e aos extratos do senador, derruba algumas versões e mantém a dúvida central: quem pagava as despesas do senador? Na semana passada, o conselho de ética do Senado abriu processo para investigar as ligações do senador com o lobista. O senador não gostou. Preferia que o caso fosse encerrado logo. Mas é engano imaginar que a abertura de processo significa que o Senado está empenhado numa investigação séria. A maioria dos senadores está decidida a acabar com o assunto de uma vez, mas precisa produzir ao menos um simulacro de legalidade. É assim que funcionam os clubinhos fechados. O relator do caso será o senador Epitácio Cafeteira, 82 anos, do PTB do Maranhão, aliado de Renan Calheiros e José Sarney. Quando o jornal O Globo *perguntou a Cafeteira se ele pretende convocar a jornalista para depor, o senador deixou evidente sua disposição de abafar o caso: "Chamar a moça para quê? Para fofocar?". Não, Cafeteira, chame a moça para ajudá-los a fazer contas.*

Não sou acionista do Grupo Abril. Porém, como jornalista, admirei a postura da *Veja* nesse imbróglio, mantendo o foco no que realmente interessa, que é a ética, a honestidade e a competência da classe política, em vez de arvorar-se a analisar o caráter das pessoas. Para isso eu faço análise, aliás. Sou uma pessoa em busca do equilíbrio e sei que isso só se consegue com a verdade, com a sinceridade nos relacionamentos, sejam familiares, amorosos, ou de amizade.

Da mesma forma, um País não pode ser feliz e equilibrado se está assentado na mentira, na hipocrisia e no desejo desesperado de poder e riqueza. E muito menos na subserviência aos poderosos. No dia 11 de julho de 2007 a revista *Veja*, sempre ela, trouxe uma matéria intitulada "Negócios Milionários", na qual mostrava que em apenas uma transação a família Calheiros obteve um lucro de 17 milhões de reais.

Na mesma matéria informava-se que o senador Renan anunciou que tinha documentos provando que nos últimos quatro anos seus negócios lhe renderam um milhão e 900 mil reais. Ou seja, só nos últimos quatro anos, pelo que ele próprio declarou, o senador recebeu 39 mil reais por mês, além de salários, verbas de gabinete e demais benefícios do cargo.

Então, que fique claro que o presidente do Senado tinha total condição de pagar a pensão de oito mil reais de sua filha, e não era um parlamentar carente, como foi pintado por alguns. Não seria o cumprimento de uma obrigação como pai que deixaria o senador menos rico, nem era essa a intenção.

Bem, deu para perceber que às vezes deixo escorrer o tom. Quando o texto sai assim, intempestivamente, releio e penso se não é melhor dar-lhe contornos mais femininos, mais suaves. Porém, e espero que o leitor entenda, há assuntos que mexem com coisas há muito estagnadas no nosso espírito e, na hora de colocá-las para fora, saem em borbotões. Bem, esse é o meu estilo: irregular, à mercê das sensações que o tema provoca.

De qualquer forma, apesar do trauma inicial, do choque de me ver transformada em notícia, eu que sempre estive do outro lado do balcão, não posso falar mal da imprensa porque, a partir do momento em que eu quis falar, todos me deram voz.

Por outro lado, tentei me colocar no lugar do leitor, do telespectador, e entender o seu grande interesse por minha história. Nem precisei pensar muito para constatar que é um assunto bem diferente dos que se vê no mundo político. Não se trata de uma questão impessoal que envolve alíquotas, leis e emendas. Não se está falando de liberação de verbas, fisiologismo, nem esses termos todos que o povo batizou de politiquês e que ouve, ouve, mas não entende.

O meu é um drama humano, que envolve a paixão de um homem e de uma mulher, e a necessidade de ambos cuidarem da educação e da formação da filha que tiveram nessa relação. Um drama humano e comum. Muitos que estão me lendo já viveram algo igual, ou conhecem quem viveu. É uma história que está próxima de todos.

Ao sentimento de proximidade juntou-se a inquietação geral por querer saber quem pagava exatamente a pensão dessa criança, quem era esse amigo que entregava o envelope de dinheiro. Que tipo de amizade ele tem com o pai da criança? Para completar, os personagens eram interessantes: o homem, presidente do Senado; a mulher, jornalista e produtora de vídeo que tinha trabalhado 10 anos como apresentadora da TV Globo.

Se fosse eu quem estivesse na redação e recebesse uma pauta dessas, admito que também iria atrás. Olhando à distância, como se não fosse comigo, reconheço que é o tipo de assunto que dá ibope. Creio que eu também daria um bom espaço a ele. Porém, garanto que ouviria os dois lados. Acho que foi só isso que faltou em algumas matérias, principalmente no início da cobertura.

Culpa

Aquele sonho premonitório que tive no dia seguinte à audiência estava se tornando assustadoramente real. Os acontecimentos me afastavam gradativamente de Brasília. O que aquelas mesmas pessoas que me cumprimentavam na fila do supermercado, e me sorriam como se eu fosse uma filha ou irmã, pensavam agora de mim? Talvez eu não tivesse forças para saber a resposta.

Viver uma situação como a minha nos faz pensar sobre tantas coisas... Será que só devemos nos sentir culpados das culpas descobertas? Será que os erros só passam a ser erros quando conhecidos? Falo nisso porque se errei em me relacionar com um homem casado, certamente não fui a primeira e nem serei a última a fazê-lo. A diferença é que muitos podem continuar vivendo, anônimos, com essa culpa guardada apenas na consciência. Talvez o seu companheiro jamais saiba de seu pecado, e por isso todos poderão fingir que ele nunca existiu.

Percebi, ainda, que o erro descoberto se torna mais grave, pois recebe o julgamento de muitas pessoas e é mais dificilmente esquecido. Quantos não ludibriam, roubam e matam por esse país afora, sem que sejam pegos? Quantos crimes praticados neste exato momento só serão descobertos lá adiante, ou talvez nunca?

Quando você está em meio a uma explosão, com barulho, fumaça e estilhaços por toda parte, a única coisa que você quer é fugir dali o mais rápido possível. Por isso, minha primeira atitude, quando tudo virou um inferno, foi tirar minhas filhas de Brasília e deixá-las cercadas pelo carinho de meus irmãos e meus pais, em Belo Horizonte.

Minha vontade, naquele momento, também era largar tudo e ir com elas, mas não sou uma adolescente com uma mochila nas costas e um sonho na cabeça. Não é tão simples abandonar uma cidade em que você viveu 17 anos, provavelmente os melhores 17 anos de sua vida.

Uma cidade encantadora, distante, com uma alma arredia que foi se aconchegando, foi me conquistando aos poucos, até que eu me visse completamente apaixonada. É estranho como esse roteiro recorrente segue meus passos: primeiro, uma quase indiferença, que se transforma em curiosidade, evolui para simpatia e transborda em paixão. Foi assim com Brasília, com Renan...

Nunca imaginei precisar sair da cidade. Em Brasília tenho uma história, um trabalho, os amigos, conheço os caminhos, os atalhos, tenho as roupas certas para o dia quente e seco, para o frescor da noite, rodo as asas do avião, ou da borboleta, como imaginou Lúcio Costa, em 20 minutos, deixo aquele sol vermelho aquecer meu corpo e o vento varrer minhas inquietações.

Mas talvez eu estivesse idealizando uma cidade que, para mim, não existisse mais. Nada poderia ser como antes depois de tudo o que aconteceu. Sentia-me pressionada pelos dois lados: os jornalistas, que insistiam em perguntas que eu não podia ou não sabia responder, e os amigos, muitos deles ligados à política, que ligavam para sondar se eu não sabia mais coisas além do que já tinha dito.

Quando veio o convite para depor no conselho de ética do Senado, não tive coragem de ir. Senti medo. Estava muito fragilizada. Não teria forças nem tranqüilidade para sentar diante daqueles senhores, ser crivada de perguntas e explicar tudo de uma maneira clara. Achei que aquilo seria um massacre. Meu advogado acabou indo e foi muito pressionado, como eu imaginava.

Em determinado momento do meu romance com Renan, quando percebi que trilhávamos um caminho sem saída, até imaginei que no fim cada um poderia seguir suas vidas sem seqüelas visíveis. Voltaria para o meu trabalho e minha filha Luíza, ele para o seu Senado, e tudo seguiria seu curso, como antes.

Mas ninguém sai impune de uma história dessas. Talvez um dos mais graves equívocos do ser humano é acreditar que é possível passar impunemente pelas coisas, como se os sentimentos também fossem objetos que ficam velhos e são jogados fora. Mas todos sofremos nessa história, não só eu e ele, mas também nossas famílias.

O tempo não pára e não espera. E é mais cruel com as mulheres, pois vivemos sob uma cultura que valoriza exageradamente a juventude e a beleza. Quando se sai de uma relação como essa que eu saí, é difícil não ter a sensação de que se viveu um tempo perdido, que poderia ser evitado.

Não posso falar em arrependimento, já que amo minhas filhas. A Catharina valeu e vale qualquer coisa. Mas se eu tivesse uma amiga em situação parecida com a minha e ela me pedisse um conselho, eu diria para esquecer essa relação idealizada, essas promessas de que um "um dia vou me separar", "um dia vamos constituir família" e buscar, para suas emoções, um caminho sem tantos solavancos e sobressaltos.

"Se o que começa certo pode ser que não dê certo, pode ter dificuldades no caminho, imagine então o que começa errado... Não dará certo nunca". Disse essa frase no programa da Hebe Camargo e a repito porque a vida pode lhe oferecer todas as possibilidades, mas a escolha será sua.

As minhas me levaram a muitas situações difíceis, a muito sofrimento, mas também à muita alegria. Estou mais leve. Foi como expurgar culpas e tristezas. Contaram a minha história de uma maneira errada, mas contaram. Acabou. Não tenho mais nada a esconder. Não há mais segredo. Quem quiser conhecer minhas verdades, que leia este livro, que me escute com carinho, mas desarmado, esquecendo por alguns minutos o preconceito que está enraizado em nós.

Posso recomeçar e sinto que o estou fazendo. Sou uma mulher mais madura, com uma bagagem profissional e pessoal enorme. Tenho medo de eleger novamente o trabalho como minha tábua de salvação, mas não consigo pensar numa vida sem um trabalho que me realize e me faça feliz. Sou movida a desafios. Por outro lado, sonho em ser uma pessoa mais leve, menos preocupada e talvez com a ajuda da análise eu aprenda isso ao longo dos anos.

Percebo que estou mudando. As coisas que valorizo hoje são diferentes das que valorizava antes, assim como as qualidades e os defeitos que observo nas pessoas não são mais os mesmos. Outra constatação recente: por mais que a gente se organize, por mais que se estruture, não há como prever aonde a vida vai nos levar. Você acorda para um dia comum e, de repente, um telefonema pode mudar tudo.

PLAYBOY
www.playboy.com.br SMS: playboy para 22745
A REVISTA DO HOMEM
20p
MURICY RAMALHO
O MELHOR TÉCNICO DO BRASIL
ENTREVISTA
DIOGO MAINARDI
"POLÍTICOS SÃO TODOS MEIO VAGABUNDOS"
MÔNICA VELOSO
A MULHER QUE ABALOU A REPÚBLICA
TRANSFORME 100 REAIS EM 1 MILHÃO
(NÓS ENSINAMOS COMO)
TRANSILVÂNIA
UMA VIAGEM PELA TERRA DO CONDE DRÁCULA
REPORTAGEM
OS BASTIDORES DE TROPA DE ELITE
O FILME MAIS COMENTADO DO ANO
MODA
JÁ PRO XADREZ!
10/2007 Nº 389 R$ 10,99
ISSN 01041746
Abril
VENDA PROIBIDA PARA MENORES DE 18 ANOS

Nua

Minha vida tinha sido vasculhada de tal forma que não sobrou um pedaço intacto. Alimentada por quem há pouco desfrutara do meu carinho, a imprensa divulgava informações sobre o meu relacionamento com o Renan, a situação de minha produtora, o meu passado na TV, minhas contas pessoais e minha família. Senti-me encurralada, não poderia haver uma maneira mais eficiente de me desnudarem perante a sociedade... Mas eu estava enganada.

Na quarta-feira da semana seguinte à audiência na Vara da Família, o telefone tocou logo cedo no escritório do doutor Pedro Calmon Filho, meu advogado. Eunide, a secretária, atendeu. Era da Editora Abril e a pessoa queria falar com o Pedro. "Estou no meio dessa confusão toda e querem me vender assinatura de revista. Diga que não posso atender não, Eunide", ele respondeu.

Na quinta, logo ao chegar ao escritório, pela manhã, Pedro soube que a mesma pessoa da Abril tinha ligado. Como eram insistentes para vender assinatura, pensou ele, e não retornou. Mas na sexta ligaram de novo, e dessa vez Pedro atendeu. Começava a explicar que estava muito ocupado, não tinha interesse em assinar revista, quando a pessoa o interrompeu dizendo que se tratava de outro assunto e era urgente.

O que poderia ser tão urgente, quis saber Pedro. Do outro lado da linha, o rapaz respondeu que compreendia a gravidade da situação e pediu que meu advogado não risse quando ele falasse o nome da revista em que trabalhava... Mais curioso, Pedro esperou. Era a *Playboy*, e queria que eu fosse a capa da edição de setembro.

Apesar do pedido antecipado do moço, Pedro começou a rir. "Vocês não devem conhecer a Mônica", ele respondeu. "Ela é uma jornalista, trabalhou muito tempo na tevê, tem a produtora dela. Vocês estão enganados. Ela está envolvida nesse escândalo, mas não tem interesse em aumentar essa polêmica. Muito obrigado."

Eu estava em Belo Horizonte, buscando a paz e o aconchego que só encontro em minha família. Muito abatida com aquela exibição pública de minha vida, não conseguia comer, estava mais magra, desiludida com aquilo tudo. A cada reportagem na tevê, a cada matéria nos jornais, o escândalo parecia crescer. Olhava para minhas filhas, meus pais, e chorava. Eles não mereciam isso. Ninguém merecia. Não conseguia vislumbrar uma saída para aquela situação. Nisso, o Pedro me ligou para falar da *Playboy*.

Aquela gente só podia estar maluca! No meio de um pandemônio daqueles, como eu teria cabeça para posar nua? O que as pessoas iam achar? Se muitos já me chamavam de interesseira, o que diriam ao saber que eu havia saído na *Playboy*? Diriam que foi tudo planejado, "marketing", como já eu tinha ouvido tantos colegas jornalistas falarem de outras mulheres nas mesmas circunstâncias.

Mas os emissários da *Playboy* não desistiam. Ligavam, passavam e-mails, insinuavam valores. Iniciaram, enfim, um processo incansável de sedução. Isso durou um mês. Intrigada, quis saber do Pedro por que insistiam tanto. Em um país com mulheres tão lindas, jovens, que têm corpos perfeitos e trabalhados, por que faziam questão de ter uma mulher de 39 anos na capa?

Explicaram ao Pedro que a *Playboy* se mantém atenta às mulheres que estão na mídia, principalmente atrizes, cantoras, modelos e celebridades. A revista também faz uma pesquisa com o público nas bancas de jornal e, desde que saíram as notícias após a audiência, o nome mais comentado era o meu.

Como poderia ser o meu se a única foto que saiu na imprensa não mostrava quase nada de mim? Eu estava no carro, de óculos escuros, mal se via até abaixo do decote. Eles não tinham informação de como eu era. E se tivesse as formas mais avantajadas? Nunca vi uma fofinha sair na *Playboy*.

Mas não desistiam. E tinham bons argumentos, além do cachê. Quanta gente famosa, quanta mulher conceituada, de carreira sólida, já não tinha posado nua? Não são apenas aspirantes à atriz, ou à celebridade, que aceitam mostrar o corpo nas páginas de uma revista masculina, como muitos pensam. Repare em algumas mulheres que já foram capas da *Playboy*: Regina Duarte, Betty Faria, Lucélia Santos, Dina Sfat, Christiane Torloni, Cláudia Raia, Yoná Magalhães, Bruna Lombardi, Marina... E se a questão era me conhecer por inteiro, por que eu não poderia ir a São Paulo, reunir-me com eles, perguntaram. Então, como tinha mesmo de ir a São Paulo, concordei em vê-los.

Enquanto isso, como sempre faço quando fico intrigada com alguma coisa, fui pesquisar para ver quais mulheres na minha faixa de idade já tinham sido fotografadas. E aí cheguei ao círculo de atrizes que eu admiro pela história, pelo trabalho sério, e que fizeram ensaios muito bonitos, como o da Maitê Proença, na Itália.

Além de todas que eles já tinham citado, também gostei muito da Ângela Vieira, uma atriz com mais de 40 anos, mas muito bonita, com muita classe, que tinha uma carreira consolidada e fazia sucesso na TV Globo. Outra que me chamou a atenção foi Alessandra Negrini, bem mais nova quando fez as fotos, mas outra atriz com uma carreira conceituada.

Na reunião em São Paulo – na verdade um jantar com duas pessoas da Editora Abril –, mostraram-me um livro que eles chamam de "book matador", pois traz as melhores capas dos últimos 30 anos da *Playboy*, pelos critérios de beleza e conceito. Lá estavam Luiza Brunet, Xuxa, Cláudia Raia, Marina, Sônia Braga... Notei que Valéria Monteiro fez um ensaio muito sensual, mas não tinha nu. Se pudesse, faria algo parecido.

Perguntei novamente por que tinham feito o convite baseados em uma foto que só mostrava meu rosto. Disseram que perceberam que deveria se tratar de uma mulher bonita pelo bronzeado da minha pele, o formato do rosto, a escolha dos óculos e do vestido preto certos.

Quiseram saber quais seriam minhas condições para posar nua. Respondi que eu escolheria o fotógrafo, teria de assinar todas as fotos aprovadas, não faria nada muito ousado e escolheria o tema e a locação. Queria ainda uma divulgação mais intensa, mais publicidade dessa edição da *Playboy* nas outras revistas da Abril, saber quais pessoas trabalhariam no set e autorização para contar a história da matéria no meu livro, o que estou fazendo agora.

Minha lista de exigências não parou por aí. Pedi que nos títulos de capa e da matéria meu nome não fosse ligado ao de Renan. Detestaria ser anunciada como namorada ou amante. Perguntei se poderia escolher a foto de capa, mas isso era prerrogativa da editora. Enfim, consegui algumas coisas, outras não, mas a negociação correu sem problemas.

Até ali a imagem que eu tinha da *Playboy* era de um espaço reservado apenas a estrelas. Como me explicaram, a revista não pode errar. São 12 capas por ano e todas têm de dar certo; ninguém espera que uma mulher mais ou menos atraente saia na primeira página. Não precisa, necessariamente, ser uma estrela, mas sempre será escolhida a dedo para atender à expectativa do público.

Os pontos estavam discutidos, mas eu não podia assinar o contrato sem conversar com minha família. Meu irmão e minhas irmãs já sabiam, mas meu pai e minha mãe ainda não. Conversei com eles e, surpreendentemente, não se opuseram. Voltei para Brasília a fim de pensar mais um pouco.

Poesia

Na busca por argumentos que me convencessem a expor o corpo sem o receio de um dia me arrepender, encontrei também a arte, principalmente a pintura e a poesia, e constatei que o nu de uma mulher, ao mesmo tempo em que é percebido como erótico, também pode ser apenas estético. Às vezes até sagrado, talvez pela aura da maternidade que fazia com que anjos e santas fossem caracterizados nus – mesmo nos puritanos tempos da Idade Média – sem provocar nenhum horror.

Na poesia, então, o nu feminino tem sido um exercício obrigatório. Não há poeta que não dedique tempo e inspiração para transpor para o papel os devaneios provocados por um corpo desnudo de mulher. Dois dos maiores da Língua Portuguesa fizeram isso com rara sensibilidade: os amigos Carlos Drummond de Andrade e Manuel Bandeira, que descrevem nossa anatomia como se estivessem percorrendo uma terra de recônditos mistérios. *Nu*, de Bandeira, e *Corporal*, de Carlos Drummond, são exemplos dessa aventura:

Nu
Manuel Bandeira

Quando estás vestida,
Ninguém imagina
Os mundos que escondes
Sob as tuas roupas.

(Assim, quando é dia,
Não temos a noção
Dos astros que luzem
No profundo céu.)

Mas a noite é nua,
E, nua na noite,
Palpitam teus mundos
E os mundos da noite.

Brilham os teus joelhos,
Brilha o teu umbigo.
Brilha toda a tua
Lira abdominal.

Teus seios exíguos
Como na frieza
Do tronco robusto
Dois frutos pequenos

Brilham. Ah, teus seios?
Teus duros mamilos!
Teu dorso! Teus flancos!
Ah! Tuas espáduas!

Se nua, teus olhos
Ficam nus também:
Teu olhar, mais longo,
Mais lento, mais líquido.

Então, dentro deles,
Bóio, nado, salto,
Baixo num mergulho
Perpendicular

Baixo até o mais fundo
Do teu ser, lá onde
Me sorri tu'alma
Nua, nua, nua...

Corporal

Carlos Drummond de Andrade

O arabesco em forma de mulher
balança folhas tenras no alvo da pele.
Transverte coxas em ritmos,
joelhos em tulipas. E dança

repousando. Agora se inclina
em túrgidas, promitentes colinas.

Tudo se deita: é uma terra
semeada de minérios redondos,
braceletes, anéis multiplicados,
bandolins de doces nádegas cantantes.

Onde finda o movimento, nasce
espontânea a parábola,
e um círculo, um seio, uma enseada
fazem fluir, ininterruptamente,
a modulação da linha.

De cinco, dez sentidos, infla-se
o arabesco, maçã
polida no orvalho
de corpos a enlaçar-se e desatar-se
em curva curva curva bem-amada,
e o que o corpo inventa é coisa alada.

Em um blog de um jovem poeta chamado Thiago Cunha também encontrei algo bonito, que parecia confundir o corpo nu de uma garota com as páginas de um livro, ou revista. Dizia:

Com a polpa no fim dos dedos
Aventuro-me nas bordas de seu corpo
Todo tão bem projetado
Para acomodar-te feliz
São páginas de romance
Folheio-te, você ri

Assim, preferi o caminho do belo, do recatado, porque é como eu sou, de verdade, e porque não estava com espírito apropriado para fotos carregadas de sensualidade, mesmo que quisesse. Acho que eu tinha a ilusão de que, por meio das fotos, eu pudesse passar um pouco do meu espírito, do meu interior, e com isso permitir que as pessoas me conhecessem melhor do que apenas pelas respostas nas matérias investigativas. Achei que poderia ser sensual sem agredir.

Alguns colunistas perceberam isso, como Roberto Pompeu de Toledo e André Petry, da *Veja*, e Arnaldo Jabor, de *O Globo*. Jabor, em sua coluna de 16 de outubro, foi muito feliz quando escreveu: "*Notem que nas poses de Mônica há uma discrição não provocativa... Ela não quer que nos excitemos; quer que a entendamos. Seu sorriso levemente encabulado pede compreensão para o proveito que, afinal de contas, ela tirou de seu drama*" (leia a íntegra da crônica neste capítulo).

Vaidade

Conversei muito com minha analista para ver como seria essa experiência de me ver tão exposta, e a conclusão a que cheguei é que na verdade minha exposição contínua na imprensa me desnudava mais do que poderiam fazer as páginas da *Playboy*. E na revista eu estaria exibindo algo que não tem nada a ver com a moralidade. Lá eu mostraria uma imagem, um conjunto de fatores estéticos, em uma produção bem-feita, que não chocaria o leitor.

Mas eu vivia também um pequeno conflito pessoal com relação à beleza física. Em determinado momento de minha carreira, não foi tranqüilo ser bonita e muito elogiada por isso, como se as outras minhas qualidades tivessem que ficar eternamente em segundo plano. Além de bonita, é como se eu fosse desafiada a provar que também sou competente, como se beleza fosse defeito.

Por outro lado, o convite da *Playboy* podia ser encarado como um bálsamo em meio a tanto sofrimento. Minha auto-estima estava massacrada, eu era uma mulher que se via humilhada diariamente nos jornais, que contavam mentiras e absurdos. Por que não fazer o ensaio? Dessa vez eu não estava sendo requisitada por um veículo de imprensa para prestar um depoimento, participar de um interrogatório sobre assuntos desagradáveis, como tinham sido as últimas entrevistas. Convidavam-me pela beleza, pelo interesse que ela despertava nas pessoas, e me surpreendi ao constatar como esse convite, providencialmente, elevava meu amor-próprio.

Na hora de decidir se deveria ou não fazer as fotos, não posso negar que a vaidade contou. Não é sempre que uma mulher de 39 anos, com duas filhas, que engordou 19 quilos quando estava grávida, e nunca teve uma preocupação obsessiva com o corpo, é convidada para se exibir na revista masculina mais importante de um país de tantas beldades.

Na TV, sua preocupação com a imagem vai até pouco abaixo do pescoço. Então, você cuida com carinho do rosto e do cabelo, que são as partes do corpo que aparecem no vídeo. Eu só não poderia ficar muito cheia, porque o vídeo engorda, mas também não era obrigada a seguir um padrão estético de manequim. Era só manter uma linha mais ou menos aceitável.

Houve época em que fui um pouco gordinha, em outra estava bem magra, enfim, sou uma pessoa que oscila de peso. Nunca sonhei em ter um corpo escultural, muito menos em ser capa da *Playboy*. Tanto que quando fui convidada estava três quilos acima do peso.

Só assinei o contrato no final de julho, em Brasília. Não queria tomar uma decisão tão importante para minha imagem antes de me sentir à vontade, feliz, segura. Não queria fazer as fotos em dúvida; sabia que elas exigiriam muita entrega. No momento do clique você tem de estar ali, é real. Seu olhar muda todo o conceito da foto. Não se trata apenas de uma exposição do corpo, mas também de suas emoções. O fotógrafo vai além de sua imagem; ele quer, simbolicamente, captar sua alma.

Eu não diria que estava 100% segura na hora de assinar o contrato. Dois dias antes tive febre emocional, de tão nervosa que estava. Tinha receio das críticas, de me arrepender depois. Até assinar eu vivi esses conflitos e precisei trabalhar muito isso. Mas, a partir do momento em que assinei, aquilo foi como uma redenção. Estava feito. Não havia volta.

No início de agosto fui a São Paulo conhecer o fotógrafo JR Duran. Não o escolhi só por sua fama, mas porque analisei edições anteriores antigas e descobri vários nus com ele dos quais gostei. Além da qualidade indiscutível das fotos, do essencial manejo das luzes e cores, sua lente valoriza a mulher, respeita sua feminilidade sem vulgarizá-la (Duran fez também trabalhos mais ousados, mas a ousadia depende dos limites impostos pela modelo).

Imaginei que todo ensaio da *Playboy* tivesse de ter um tema, e queria fazer algo que parecesse comigo. Como não sou atriz, não pensei em nada que remetesse a alguma peça ou filme. Depois de pesquisar muito, decidi que deveria ser algo que lembrasse as obras de Oscar Niemeyer. Afinal, 2007 é o ano em que o grande arquiteto faz 100 anos. Consegui o livro *Oscar Niemeyer 360*, com suas obras favoritas, e mostrei ao pessoal da *Playboy*.

Aprendi a gostar de Niemeyer convivendo com o resultado de seus geniais sonhos de arquiteto, em Brasília, e ficaria feliz de poder homenageá-lo. Mas, apesar de amar a cidade, de saber que ela é quase um cenário pronto, não gostaria de fazer as fotos lá. Isso provavelmente geraria muita notícia negativa, atiçaria a polêmica da qual eu queria me distanciar.

Ao estudar as obras de Niemeyer, encantei-me com a Casa das Canoas, no Rio, com sua piscina repleta de curvas, espaços aconchegantes e atraentes, onde a Globo rodou algumas cenas da minissérie JK. Listei outros lugares com a marca indiscutível do primeiro artista de Brasília.

Porém, descobri depois que nem todos os locatários se animam a ceder seus imóveis para os nus da *Playboy* e a Casa das Canoas era um deles. Dos outros lugares que eu tinha deixado como opção, muitos estavam enfrentando o mesmo problema. A coisa estava nesse pé quando fui para minha reunião com o Duran.

Sua presença, a princípio, me inibiu. Trata-se de um homem elegante, inteligente, educado, cosmopolita e, ao longo da reunião, quis saber como eu imaginava as fotos. Então, mostrei-lhe várias páginas da revista nos últimos 10 anos, um livro com os últimos 30 anos da *Playboy* no Brasil e apontei o que eu gostava. Não queria que minhas fotos fossem cópias de outras, claro, mas apenas pretendia dar a ele referências para nosso trabalho.

Não levei só *Playboys*. Comprei livros de nus, livros de arte, só para que ele tivesse uma idéia clara do tipo de imagem que se parecia comigo. Na verdade, quando chega o momento de fazer as fotos, tudo muda, porque o que dá o tom é o olho do fotógrafo, sua experiência, a luz, o fundo, a cor, a maneira como eu respondo ao que ele pede. Então, é impossível fazer uma foto igual à outra.

Em seguida, uma pessoa da produção falou comigo sobre maquiagem, cabelo, figurino e entrou na questão do tema. Disse que eu não deveria me preocupar, pois as fotos seriam fechadas em mim. "Não tenho intenção de ficar abrindo muito e mostrar os fundos", disse ele. "Então, não sofra com isso. Se a locação que você quer está difícil, nós temos outras opções que resolvem." Falou de casas com bastante concreto e curvas bonitas, que poderiam lembrar o estilo de Niemeyer, e onde eu me sentiria segura, o que é essencial em uma produção dessas.

As locações foram marcadas para dois dias, quinta e sexta-feira, em uma casa locada pela revista na Gávea Pequena. Viajei para o Rio na quarta-feira à noite e às 9 horas do dia seguinte já estava fazendo cabelo e maquiagem, o que levou duas horas. O Duran chegou ao set por volta de meio-dia e imediatamente iniciamos os trabalhos.

Além de mim, apenas seis pessoas participaram diretamente da produção: o maquiador e cabeleireiro; o produtor de objetos e figurinos; a moça que fez o making off; Kika, produtora da *Playboy*; o Duran e um assistente. Outras três pessoas que estavam na casa – o proprietário do imóvel, o agente de locação e o meu advogado – ficaram em um andar acima.

A casa tinha três andares, uma piscina e ambientes adequados para as fotos.

Era cercada por muros enormes e guardada por seguranças, para o caso de alguém querer bisbilhotar. A *Playboy* dá muita atenção aos quesitos sigilo e segurança. Não há dispersões. O foco é totalmente voltado ao trabalho.

Uma repórter me perguntou se bebi champanhe durante as fotos e riu quando disse que só tomei café em uma caneca. Verdade. Primeiro, porque adoro café, depois porque estava frio, e por último porque o álcool poderia deixar meus olhos caídos e diminuir minha reação às determinações do fotógrafo. Ninguém bebeu nada, a não ser refrigerante, suco, água. Acho que nem tinha bebida alcoólica no set.

Começamos a fotografar ao meio-dia. O Duran deu uma boa olhada nas roupas e acessórios e sugeriu começarmos com os óculos. Elementar, meus caros. Os óculos ficaram no imaginário popular quando fui fotografada saindo da audiência. Acho que a melhor foto dessa primeira sessão é a terceira que aparece na matéria: estou com a calça de alfaiataria, seios à mostra e óculos escuros. Há também uma foto de divulgação que saiu na coluna da Mônica Bergamo, na *Folha de São Paulo*.

Beleza

Fotografamos ininterruptamente até duas da tarde; paramos para almoçar e continuamos até seis e meia da tarde para aproveitar ao máximo a luz natural. O dia estava bonito, claro e com céu azul, mas fazia frio e batia aquele ventinho do mês de agosto.

As primeiras fotos, como se quisessem me acostumar com a nudez, retratam apenas a parte superior do corpo. Mas não adianta se esconder atrás da maquiagem, do cabelo bonito ou dos acessórios, porque a hora do nu chega e o roupãozinho tem de escorregar. Aquilo me causou um certo desconforto, mas era um trabalho, tinha de ser feito.

Quando começa a fase do nu total, você calça um chinelinho e veste aquele roupãozinho clássico da *Playboy*, branco ou preto, com o símbolo da coelhinha na cor contrastante. Nessa hora a Kika permaneceu o tempo todo ao meu lado. Era só terminar a foto e ela me vestia com o roupão. Você se sente protegida, sente que há respeito e profissionalismo, ninguém fica olhando com cobiça. É uma equipe que já está nesse trabalho há muito tempo, que encara aquilo de maneira supernatural. Eles certamente já viram corpos muito mais bonitos e mais desejados que o meu.

Como fui bem focada no que estava fazendo, eu sabia exatamente até onde podia ir. Se o Duran pedia para eu me virar um pouquinho, de forma a ficar em uma posição, digamos, mais explícita, eu dizia que não. Quando me pediu para fazer um pouco mais de nu frontal, também não quis. Já tinha feito a quantidade que achei suficiente para a revista. Não fiz nenhuma foto que me deixasse constrangida.

Algumas surgiram de uma maneira bem espontânea e a da capa foi uma delas. Eu estava no jardim, o Duran posicionou a câmara, a luz do fim de tarde já estava começando a cair, deixei a tatuagem aparecer e, nesse momento, alguém do meu lado direito, sentado no deck da piscina, começou a brincar. Eu me virei, sorri, e o Duran captou esse sorriso real, espontâneo.

A foto de capa começou com a admiração causada pela tatuagem. O Duran e a equipe da *Playboy* ficaram surpresos quando a viram. Talvez pela minha imagem certinha, arrumadinha, discreta, eles não imaginassem que eu teria uma, ainda mais ali. Na primeira foto em que apareceu o bumbum, o Duran vibrou com aquela visão de borboletas e flores em uma região tão íntima, e começou a pensar em formas de aproveitá-la nas fotos.

Aqui abro uma janela para contar a história dessa tatuagem. É uma novela, na verdade, porque desde a adolescência penso em ter uma, mas guardava a vontade para mim, pois meu pai, da tradicional família mineira, obviamente não aprovaria. Depois, adulta, eu não podia me tatuar porque a profissão de jornalista exige uma postura que não combina com marcas pelo corpo.

Até pensei em fazer uma no pulso, como a Gisele Bündchen, mas e se eu estivesse fazendo uma matéria e minha mão aparecesse? Tenho uma amiga que tem uma na nuca, muito bonita, mas eu adoro rabo-de-cavalo, e se eu fosse a algum evento e as pessoas vissem?

Quando saí da televisão, tive vontade de seguir o exemplo da Luiza Brunet, que tatuou o nome dos filhos no braço, e escrever o nome da Luíza no tornozelo. Mas eu sempre acabava adiando (não é fácil se decidir por algo que depois só poderá ser retirado com uma cirurgia a laser). Até que finalmente tomei coragem e fiz. Escolhi um desenho com coisas que eu gosto: borboletas, flores, laços e coração.

Sempre gostei da borboleta, pois lembra as metamorfoses que a gente passa pela vida. Quando estava grávida da Catharina, morei em uma casa que tinha vários casulos presos em uma árvore. Ficava vendo aquela luta, aquele esforço desesperado da borboleta para sair, mas não podia ajudar, porque aquele esforço é que libera os óleos que lubrificam suas asas, para que ela possa voar. Se você abre o casulo, ela não voa mais.

A florzinha é uma coisa muito menininha, que se parece comigo. Então coloquei as borboletas, as florzinhas, os lacinhos – um em cada ponta, são guirlandas, subindo – e, no meio, embaixo, no cóccix, fiz um coração que no começo era vazio, depois mandei pintar de vermelho. Acho que a tatuagem ficou muito bonita. Quando estou de biquíni, dá para ver as pontas externas, as florzinhas.

Além das fotos à beira da piscina, o dia claro na Gávea Pequena foi aproveitado para se produzir quase todas as externas, porque a luz era boa. A primeira foto nua é aquela em que estou de pé, encostada em um muro gramado. Entre as que foram publicadas, estão aquelas em que uso roupa de onça e em que estou com chapéu, que eu adoro.

Não sei dizer quantas fotos foram feitas. Duran não trabalha com máquina digital, mas com papel fotográfico, o que proporciona uma definição melhor. Do total de fotos, ele faria uma pré-seleção no laboratório e eu teria umas oitenta para escolher trinta, mas isso só na segunda-feira.

Voltamos a São Paulo no sábado pela manhã. Passei um fim-de-semana nervoso, e de domingo para segunda não consegui dormir, apavorada com a possibilidade de as fotos não terem ficado boas. Na segunda à noite fomos para a Editora Abril e, para minha surpresa e felicidade, gostei de quase tudo que me mostraram. Gostei muito.

Escolhi pouco mais de trinta fotos, para a revista e o trabalho de divulgação. Gostei muito de todas, especialmente a que abre a matéria, em que estou de perfil. Achei linda. Também adorei a de calça comprida, desnuda apenas da cintura para cima. Tem classe e personalidade. Outro dia alguém comentou comigo que foi a primeira vez que viu a *Playboy* publicar uma foto de mulher com calça comprida.

Chegaram a noticiar que não gostei das fotos e pedi para fazer de novo. Nada disso. O que aconteceu é que nós tínhamos poucas opções de fotos de divulgação e, como a mídia estava procurando muito, precisávamos de mais. Nunca reclamei das fotos, ao contrário. Achei que fiquei muito bem. Fiquei me achando um sucesso, a última limonada do deserto. Só que, com isso, em vez de sair em setembro, a revista ficou para outubro. Tudo bem. Eles tinham um outro ensaio e o utilizaram.

Convidei o Edson Aran, diretor de redação da *Playboy*, para fazer o texto da minha matéria. Ele usou umas metáforas e achei que ficou bom. Lembrou que meu nome tem origem grega e quer dizer única, e concluiu com a frase: "E no meio de uma situação no mínimo hedionda, Mônica é a formosura".

Só não se sabia ainda como seria a capa, pois a foto de primeira página é escolhida depois de analisados vários critérios, tais como: a mais charmosa, a que não afasta o leitor, a que tem mais identidade com o público da revista. Eu não tinha ingerência sobre a capa. Mas sabia que fariam a melhor.

Carinho

A vaidade está no código genético da mulher, não tem jeito. Nunca me imaginei saindo na capa de uma revista masculina e acredito que a maioria das mulheres também não. Mas quando isso acontece, mexe com a sua cabeça, causa um certo torpor. Mesmo que não seja o sonho de uma vida, você entra na onda e curte o momento, que, sem dúvida, é muito prazeroso.

A revista ficou linda, classuda, sensual e rendeu uma mídia inimaginável. Nunca imaginei que diria isso, mas a verdade é que tive orgulho de fazer a *Playboy*.

O dia da festa de lançamento foi uma montanha-russa. Como a Lu tinha agendado muitas entrevistas, comecei logo cedo, pelo programa Hoje em Dia, da TV Record, apresentado pela Ana Hickmann e pelo Britto Junior. Só consegui chegar ao salão às cinco da tarde. Como não tinha muito tempo, fiz só maquiagem e cabelo, o básico. Faltou um momento mais relax, que faz a gente se sentir vivendo um dia de noiva.

Estava tensa. Não conseguia parar de pensar em como tinha ficado a revista. Dois dias antes, quando gravei com o João Dória Jr. para o seu programa Show Business mostramos no ar uma edição montada pela Abril, mas ainda não era o produto final.

Fui para o hotel e aguardei meu amigo Amaury Júnior, que, cavalheiro e muito bem relacionado na noite de São Paulo, agiu como um anfitrião, me levando até a festa. Muitos jornalistas já estavam lá. Desde os jornais de peso, ainda interessados em alguma notícia sobre o escândalo, até os debochados meninos do Pânico, que causam pânico nos entrevistados.

Eu já tinha vivido uma coletiva da *Playboy*, uma semana antes da festa. No dia 2 de outubro, na cobertura da Editora Abril, participei do pré-lançamento da revista. Foi uma sabatina que inicialmente me assustou. Por mais que tenha dito a mim mesma que ficaria calma, arrepiei a espinha quando vi naquela linha de frente um pelotão formado por *Estadão, Folha, Correio Braziliense, Jornal da Tarde, O Globo, JB*... A assessora de imprensa Lu Barbosa contou mais de 40 jornalistas, e quase todo mundo queria aproveitar a oportunidade para perguntar alguma coisa sobre o escândalo político. Eles puxavam para um lado, e eu tentava levar o assunto para o outro. Foi uma hora e meia de embate, mas teve um resultado enorme. Virou capa em inúmeros jornais, sites, teve repercussão em rádios, matérias no SBT, na Band News...

Senti-me uma pop star, com direito a tapete vermelho, flashes, câmeras de tevê, microfones a postos; parecia um set de gravação, um cenário de filme mesmo. Mesmo com toda a minha experiência na tevê a na produtora, naquele momento minhas pernas tremeram. É estranho estar em uma festa na qual você é a estrela única, o centro de todas as atenções.

Minha *Playboy* veio poderosa, com um ensaio que, como eu mesma defini, é um escândalo, matérias interessantes, uma entrevista com o polêmico Diogo Mainardi, enfim um show de edição. Após a entrevista coletiva pude comemorar, aliviada, com minha família e meus amigos. Sorri, brinquei e curti aquele momento único. A reação das pessoas, que me elogiavam e faziam filas para os autógrafos, me davam a certeza de que a revista seria um sucesso nas bancas.

Gostei de verdade de fazer as dedicatórias – quase sempre na capa, ou na primeira página interna, que é um big close – e perceber como isso alegrava as pessoas. O processo começou ali, na festa, e se alastrou pelas semanas seguintes. Dei autógrafo para todo tipo de gente, de patricinhas a idosos, de empresários a operários braçais. Quando me reconheciam, lá vinham eles com a revista, ou com um papel, às vezes um guardanapo, como na quadra da Portela e em Interlagos durante a Fórmula-1.

Uma consulta rotineira com Cristino, meu dentista, foi outra curtição. Vários amigos e colegas dele pediram uma dedicatória especial. Nas reuniões de trabalho desse período, invariavelmente meus interlocutores traziam muitas revistas com pedidos especiais de autógrafos. No Spa Sete Voltas, onde fiquei uma semana para finalizar o livro, a loja de revistas vendeu mais do que o dobro de sua cota de *Playboys* e, é claro, fiz dedicatórias para os meus colegas de dietas. Foi gracinha. Entre uma folhinha de alface e outra, conversávamos sobre o assunto do momento, a *Playboy*

A reação da minha família foi outra surpresa agradável. Eu já tinha avisado meus pais e irmãos, mas não tive coragem de falar para meus tios e minha avó, que moram em Nanuque e em uma cidadezinha próxima chamada Montanha. Todos eles estão na faixa de 60, 70 anos, e imaginei que fossem me massacrar quando soubessem da novidade.

Mas as notícias que tive de lá dizem exatamente o contrário: acharam que o ensaio fotográfico estava bonito, não estava ofensivo, e correram até as bancas para comprar. Meu tio contou que em um almoço de família fez apologia da revista e disse que, como teria de viajar para fora da cidade, deixou a dele paga no jornaleiro.

Em Brasília, as bancas do Senado tiveram de pedir um lote extra de revistas, pois elas se esgotaram em duas horas. Um advogado amigo que chegou ao Brasil na semana de lançamento da revista, disse que tinha rodado a cidade toda e não tinha achado. Acabou pedindo um exemplar de um amigo, como nos seus tempos de adolescente.

O que mais me envaideceu foi o interesse feminino. Fiquei feliz com o entusiasmo com que as mulheres me procuravam, principalmente as da minha idade ou mais velhas, que pediam autógrafos para os homens de suas vidas. Elas se identificavam com uma outra mulher que viveu um momento de estrela, mas, como elas, era uma pessoa comum, trabalhadora, mãe, dona de casa, cheia de medos e sonhos, que deu à sua exposição pública um caráter decente e honrado.

Quando ouvi de uma médica, mais velha do que eu, o comentário de que "a *Playboy* da Mônica não há como não comprar", entendi que ela não tinha o hábito de ler a revista, mas que a edição que trazia na capa uma mulher que poderia ser ela, tinha que ser vista.

Creio que a maneira cuidadosa como fiz e escolhi as fotos passou aos leitores um respeito à feminilidade que atraiu a simpatia do sexo feminino. Nunca a *Playboy* tinha permitido que se posasse de calça comprida, por exemplo, o que acabou sendo um dos diferenciais dessa edição. No dia 28 de outubro, enquanto a edição se esgotava nas bancas, uma matéria da *Folha de São Paulo* dizia que as mulheres estavam usando minha revista como referência para que os fotógrafos fizessem algo parecido.

A Ana Maria Braga me convidou para uma edição especial do seu programa *Mais Você*, que reverenciou a mulher que não é mais uma garotinha, mas continua bonita e vaidosa. Lá fiquei sabendo que mulheres pagavam 1.500 reais para viver um dia de Mônica Veloso, copiando até o corte de cabelo que viram na *Playboy*.

Outras me pediram dicas de sensualidade, imagine. Devem estar pensando que sou uma espécie de femme fatale. Acho que quando estou de tênis, moletom, camiseta e caneta enfiada no cabelo, não tenho nada de sensual. Mas sei o que me cai bem, tenho uma noção de medidas, sei o que é melhor vestir em cada momento. Confesso que já errei muito, já usei coisas absurdas, mas fui aprendendo.

Deve haver uma harmonia entre o seu corpo e a roupa que você veste. Você precisa saber quanto tem de perna, tronco, o tamanho do decote que dá para usar, como valorizar as costas quando elas são magrinhas... Enfim, admito que tenho essa noção, mas é algo que vem com o tempo.

Se eu tivesse que definir o que é sensual, diria que é um estado de espírito, quase um instinto de conquista da mulher, que ela põe para fora quando lhe interessa, quando está encantada por um homem. Então, aquilo fica à flor da pele, você usa todas as armas, faz caras e bocas, muda o perfume, pinta as unhas com esmalte escuro, balança o cabelo, faz pequenas coisas ou grandes estripulias para seduzir quem você quer.

Mas não há regra. Dizem que o vermelho é a cor que remete à sensualidade, então a maioria das mulheres que pensa em roupa íntima sensual pensa no vermelho. Pois eu prefiro a lingerie preta, branca ou bege. Por outro lado, um belo jeans, com uma camiseta branca, dependendo do sutiã de rendas que estiver por baixo, é extremamente charmoso e eu diria até provocante.

Na verdade, o grande segredo da sensualidade é estar segura, com o amor-próprio lá em cima. Quando você se gosta, é claro que é mais fácil fazer com que os outros gostem de você também. Estou cansada de ver mulheres que não têm o corpo ideal nem são tão bonitas, mas se tornam extremamente sensuais pela autoconfiança que possuem.

Recomeço

Como poderia imaginar que no momento em que estava mais debilitada, em que olhava para o futuro e não via saída próxima, o insólito convite de uma revista masculina para posar nua, algo que nunca passou pela minha cabeça, pudesse me encher de força e confiança na vida?

A *Playboy* não só fez com que o Brasil mudasse o enfoque sobre mim, como me deu voz. A jornalista que se viu jogada em um turbilhão político apenas porque estava defendendo os direitos de sua filha, de repente ao menos era olhada e admirada como mulher, e podia falar, podia dar sua versão dos fatos e dela mesma.

A revista fez com que as pessoas me olhassem de forma diferente, prestassem atenção em alguma coisa que ainda não tinham visto. Não só no óbvio aspecto físico, mas também nas minhas palavras e idéias. Pude expor o que penso e como penso, mostrar meu caráter, minha cultura, enfim, minha história.

A imagem da mulher idealizada nas fotos deslumbrantes da *Playboy* suplantou aquela de alguém acossado pela imprensa de um lado, e pelo poder político do outro. A beleza venceu a feiúra, a alegria esmagou a tristeza, o aconchego superou a indiferença. Não posso dizer que fazer *Playboy* muda a vida das pessoas, mas posso afirmar que a minha ficará marcada para sempre. E de forma positiva.

Enquanto esperava que a revista fosse para as bancas, encontrei-me com Nani Venâncio – capa da *Playboy* na edição de janeiro de 1989 – e perguntei-lhe como era a sensação de se sentir especial, escolhida, e quanto tempo esse sentimento durava. E ela, que tinha apenas 20 anos quando fez as fotos, e continua uma mulher belíssima, respondeu que é algo que dura para toda a vida. "Já se passaram esses anos todos e ninguém esquece", avisou.

Veja que interessante. Em um dia você está se sentindo a última das mortais, a pessoa mais feia, envelhecida e ultrapassada do mundo, e no outro, como se bebesse da fonte da juventude, está destinada a ser, eternamente, um símbolo de beleza e sedução.

Só por ter dado essa injeção de amor-próprio em minhas companheiras de sexo, o trabalho para a *Playboy* já teria valido a pena. Mas ele me trouxe, ainda, a possibilidade de ser ouvida, de dar minha versão sobre o escândalo que, segundo a revista, abalou a República e, o que é essencial, mostrar quem é a jornalista e mulher Mônica Veloso.

No final de outubro, quando saía do cinema no Shopping Iguatemi, em São Paulo, vi que a banca de revistas trazia uma nova capa com as minhas fotos. Não entendi. Era o "Mundo de Playboy", uma coletânea com as capas mais bem aceitas pelo público, que normalmente sai em dezembro, mas, desta vez, estava nas bancas com uma antecedência de dois meses.

Então, caí em mim e constatei, emocionada, que a mulher que estava confusa se assinava ou não um contrato para aparecer em uma capa da *Playboy* estava em duas simultaneamente. Foi uma emoção confusa, êxtase e medo juntos. Um escândalo que poderia ter arruinado a minha vida, me jogado para sempre em um mar de mentiras e tristezas, ao mesmo tempo tinha me dado a oportunidade de viver um momento privilegiado.

A vida, constato mais uma vez, caminha mesmo em círculos. As trevas e a secura na boca não duram para sempre. A essência que cada um carrega dentro de si, por mais sufocada que seja, florescerá um dia para iluminar nossas escuridões e varrer nossos medos, como o sol vermelho e o vento noturno do Planalto Central.

Crônica de Arnaldo Jabor

O Globo –16/10/2007

Esgotou tudo nas bancas. Todo mundo quis ver a Mônica Veloso nua. Qual a razão deste espantoso sucesso? A principal talvez seja porque a única verdade nua e crua que apareceu até agora foi Mônica, em meio a uma caatinga embrenhada de mentiras. Mônica foi o único bem declarado de Calheiros, que apareceu de fato. Até então tínhamos visto bois magros, cheques falsos, açougues suspeitos, frases vagas, envelopes fantasmas, laranjas analfabetos, matadouros remotos; mas, agora não. Este bem ele teve, ali, patente, bonita.

Em revistas de sacanagem, com as mulheres nuas, buscamos nos excitar. Tiazinha (recorde até agora), Feiticeira, eram usadas para nossos vícios secretos. Na nudez de Mônica, não – mais além da excitação, do 'voyeurismo', fomos investigar uma nudez 'política', como se algum segredo não revelado nos inquéritos ainda pudesse aparecer nos meandros de sua carne.

Também queríamos entender algo sobre Renan, imaginar suas relações de amor. Renan está presente ali, ao lado dela. Como terá ele percorrido aquele corpo? Foi falso, foi verdadeiro? O que houve de sincero, de manipulação?

Notem que nas poses de Mônica há uma discrição não provocativa. Examinando suas fotos, vemos uma sensualidade contida, um sorriso ingênuo, como num coquetel onde ela, estranhamente... estivesse nua. Suas poses buscam uma elegância que faça contraste com o escândalo que a revelou. Ela não quer que nos excitemos; quer que a entendamos. Seu sorriso levemente encabulado pede compreensão para o proveito que, afinal de contas, ela tirou de seu drama. Um detalhe fascinante é o coraçãozinho tatuado em seu bumbum. Em geral, ali se desenham flechas 'punks', facas, grafites do diabo... No bumbum de Mônica, há um coração romântico, emanando guirlandas de rosas, quase um sagrado coração religioso.

Alguns românticos devem ter pensado: 'Sim, para além das maracutaias, há também a mágica milagrosa do amor...'

É inevitável comparar Mônica Veloso a Monica Lewinsky – esta sim que, no mais catastrófico 'blow job' da história, mudou o mundo. Clinton cometeu um pecado contra a verdade da pureza protestante. Não se apropriou de nada; ao contrário, não deixou Lewinsky entrar – ela ficou fora de seu corpo. O crime de Clinton, que quase o derrubou, foi a mentira. Renan caiu porque achava (e acha) que agiu dentro da Verdade (sim, de uma 'verdade' em que seus aliados acreditam), que agia com plenos e legítimos direitos patrimoniais.

Mônica Veloso fazia parte do patrimônio de Renan, considerado normal e ético, na melhor tradição das oligarquias nordestinas: fazendas, esposa oficial, prédios, simbiose com empreiteiras, milhões guardados e amante bonita.

Renan nos provocava uma fascinação quase invejosa. Há, no brasileiro médio, o sonho voraz de tudo ter, de ter nascido pobre como ele em Muricy e de, apesar de um estágio no PC do B, ter amealhado imensa fortuna. Quantos outros Renans nós invejamos, quando folheamos avidamente *Caras* e *Quem*, babando por iates, palácios, carrões, viagens, amantes, quantos?

A verdade é que invejávamos Renan. Renan foi um homem de sucesso. Seu erro foi ter se achado invulnerável. Renan errou porque além de tudo queria também ser considerado honesto. Renan teve erros parecidos com o de Collor, que aliás, ele inventou. Collor errou ao trair a 'alma do negócio', que é o segredo. Collor agiu à luz do dia, com seu fiel PC (que hoje seria apenas considerado um cleptomaníaco...). Renan também foi descuidado, confiante em sua impunidade total. Sem dúvida, era querer demais. Além de tudo que amealhou, não dava para desejar perdão, prestígio impoluto, impunidade... Foi demais. E não esqueçamos que ele não fez isso por onipotência ou desmesura (*hybris*, como diziam os gregos), não. Ao se defender por 150 dias, acreditava realmente em seu direito de fazer tudo que fez, de trabalhar para empreiteiras, de favorecer grupos, de manipular regimentos, de ameaçar políticos. Não há consciência de erro em homens como ele. No mundo dos negócios políticos, no parlamento, muitos deputados e senadores talvez tenham até mais malandragens do que ele. Mas Renan errou ao querer nos fazer engolir tudo como sendo o exercício de legítimos direitos tradicionais, por ter acreditado numa jurisprudência nordestina de que fazem parte até em grau mais grave alguns acusadores de Alagoas e outros Estados próximos. Renan lutou como um herói ideológico para si mesmo e para homens como o Almeida Lima, o Jucá, até o próprio João Lira.

Os pelotões patrimonialistas, os exércitos oligárquicos encaram o Atraso como um desejo, um projeto, uma bandeira. Se a democracia se impuser, se a transparência prevalecer, que será das famílias oligárquicas? Como vão vicejar as fazendas imaginárias, as certidões falsificadas, os rituais das defraudações, as escrituras e contratos superfaturados? Que será da indústria da seca, não só da seca do solo, mas a seca mental, onde a estupidez e a miséria são cultivadas para o serviço da burguesia política?

Mônica Veloso nua é o nascimento de uma Vênus do Atraso, a apoteose triunfal que surge ao final de um processo que vai ficar na História do País como um avanço, um progresso: apesar da ópera-bufa, já sabemos como funciona a sordidez de nosso processo político oficial, como é difícil modernizar o País.

Crônica de André Petry

Revista *Veja* – Edição 2012, 13 de junho de 2007

Mônica Veloso é uma mulher fotogênica, mas é mais bonita pessoalmente do que em fotografias. Às vezes, ela dá uns ares com a atriz Tânia Kalil, talvez pelo formato do rosto e pela expressão vagamente indefesa do olhar. Outras vezes, ela se parece com a atriz Deborah Secco, pela delicadeza do nariz e pela protuberância discretamente provocadora dos lábios. Mônica Veloso é uma mulher bonita e sensual. Tem 1,70 metro de altura, pesa 58 quilos. Para os antigos, é um pitéu. Para os de meia-idade, é uma gata. Para os jovens, é uma mina cabulosa. E não é que, com atributos para encantar todas as idades, Mônica Veloso virou pistoleira, chantagista, piranha? Virou a desonesta, a destruidora de lares, a mulher que seduzia políticos e poderosos à cata de um butim generoso, fisgando o senador José Renan Vasconcelos Calheiros?

Pobre Mônica. Como teve um romance com o senador, do qual nasceu uma menina, Mônica tornou-se agora vítima do machismo que sempre reserva à mulher o papel mais torpe da história. Se Mônica conta sua versão publicamente, o que ela é? Chantagista em busca de alguma vantagem. Se fica calada, o que é? A interesseira que vendeu seu silêncio a peso de ouro. Se exige que o senador ajude no sustento da filha, o que é? A biscateira que só pensa em dinheiro. Se não pede um tostão ao pai de sua filha, o que é? Ora, a calculista esperando a hora certa de dar o bote. Não tem saída. Mônica Veloso pode fazer o que quiser, mas estará sempre do lado errado. Porque do outro lado está o senador José Renan Vasconcelos Calheiros, o homem que confessa seu pecado, pede perdão à mulher e por pouco, muito pouco, não vira o ingênuo senhor que se perdeu nas curvas da sedutora maligna.

Mas, se o que interessa no escândalo todo não é o romance do senador com a jornalista, e sim a tenebrosa intimidade financeira do senador com um lobista de empreiteira, qual é a relevância de discutir os carimbos preconceituosos estampados sobre a imagem de Mônica Veloso? A relevância é a seguinte: isso explica por que o senador, desde a primeira hora do escândalo, distorceu a questão como se fosse um assunto privado. Trazendo a polêmica para o terreno da vida pessoal, o senador talvez soubesse, ou intuísse, que tinha uma vantagem já na largada: era o homem, o respeitável pai de família, contra a mulher, a jovem descasada. O senador foi tão covarde que jogou sobre a mulher até o peso não apenas de ser macho, mas também o de ser poderoso.

É injusto até com a história do Brasil, onde imperadores caíam deliciosamente nos braços de amantes inesquecíveis. Uma delas, menos conhecida do que a marquesa de Santos de dom Pedro I, era a condessa de Barral, bela baiana, filha de família ilustre, mulher inteligente e refinada, preceptora de princesas e paixão de dom Pedro II. Como se antecipasse em um século e meio a patacoada do senador em Brasília, a condessa de Barral escreveu: "São desgraças do Brasil / Um patriotismo fofo / Leis em parola, preguiça / Ferrugem, formiga e mofo".